Beatrice Aepli

Pastinaken, Kürbis & Co.

Inhalt

Tips zu den Rezepten

Die Portionsangaben
Sofern nicht anders angegeben, sind alle
Rezepte für 4 Personen berechnet.

Die Zubereitungszeiten
Sie beinhalten sowohl die Vorbereitungszeit
als auch die Gar- und Backzeit. Eventuelle
Sonderzeiten, z. B. für das Gehen, Quellen
oder Ruhen, sind gesondert aufgeführt.

Die Kalorienangaben
Sie beziehen sich in der Regel auf 1 Portion
bzw. 1 Stück (z. B. bei Kuchen und Gebäck).

Die Backofentemperaturen
Sie beziehen sich auf einen Elektroofen mit
Ober- und Unterhitze. Wenn Sie mit Umluft
arbeiten, reduzieren Sie die Temperaturen um
20 °C. Die Backzeit bleibt dann in etwa
gleich.

Die Zutatenmengen
Sie beziehen sich auf die ungeputzte Roh-
ware. Sind Stückzahlen angegeben, wird von
einem Stück mittlerer Größe ausgegangen.

Die Abkürzungen

TL	= Teelöffel	Min.	= Minute(n)
EL	= Eßlöffel	Std.	= Stunde(n)
kcal	= Kilokalorien		
ø	= Durch-		
	messer		

„Vergessene" Gemüsesorten –
neu entdeckte Gaumenfreuden

Vielleicht sind Ihnen beim Einkauf auf dem Wochenmarkt schon einmal Gemüsesorten aufgefallen, die Ihnen unbekannt erschienen. Möglicherweise haben Sie gemeint, es handelt sich bei Mangold, Pastinaken oder Topinambur um Neuzüchtungen. Tatsächlich aber sind es Gemüsesorten, die bei uns seit vielen Jahren heimisch sind und die schon in Großmutters Garten prächtig gediehen. Mahlzeiten mit Kürbis, Kraut und Rüben standen damals täglich auf dem Speisezettel, wurden aber häufig als Arme-Leute-Essen verschmäht. Und so gerieten die „alten" Gemüsesorten in Vergessenheit ...

Inzwischen hat sich das Image dieser Gemüsesorten aber gewandelt, denn immer mehr Hobbyköchinnen und -köche entdecken: Was damals gut schmeckte, mundet heute mindestens so gut wie früher. Besonders Bio-Bauern besinnen sich zurück auf das „Gemüse mit Tradition" und bauen verstärkt wieder Kürbis, Mangold und verschiedene Rübensorten an. Aber wie wird das Gemüse zubereitet, und wo finden Sie die passenden Rezepte? Dieses Buch schafft Abhilfe: Es stellt Ihnen in der Warenkunde die wichtigsten der „fast vergessenen" Gemüsesorten vor und beweist im anschließenden Rezeptteil, daß Gerichte mit „altem" Gemüse ganz und gar nicht „angestaubt" sein müssen.

Erbse und Zuckererbse (6)

Beide werden in vielen Varianten zubereitet. Die „gewöhnliche" Erbse gehörte früher zum Arme-Leute-Essen.

Grünkohl (2)

Grünkohl oder Federkohl gehört vor allem in Norddeutschland zum Speiseplan. Er wird im Herbst nach dem ersten Frost geerntet.

Gurke (5)

Gurken wurden schon vor 3000 Jahren in Asien angebaut. Sie schmecken eingelegt, als Salat oder als bißfest gekochtes Gemüse.

Kardone

Die mit den Disteln verwandte Kardone ähnelt im Geschmack den Artischocken und gilt in Frankreich und Italien als Delikatesse. Man ißt die blanchierten oder gebackenen Stiele.

Knollensellerie (10)

Bei der in ganz Europa vorkommenden Zuchtform sind die Knollen genießbar und können etwa zu köstlichen Salaten verarbeitet werden.

Kohlrabi (9)

Der fast ganzjährig erhältliche Kohlrabi ist nicht die Wurzelknolle, sondern die Verdickung des Stengels der Kohlrabipflanze.

Kürbis (3)

Die etwa 800 Arten umfassenden Kürbisgewächse stammen ursprünglich aus Amerika. Man unterscheidet grob zwischen weichschaligen Sommerkürbissen (etwa Zucchini) oder hartschaligen Winterkürbissen, wie etwa dem bis zu 50 kg schweren Gartenkürbis.

Lattich (1)

Der aus Italien stammende Lattich (auch „römischer Salat") schmeckt als Salat, Cremesuppe oder als Wickel für Rouladen.

Mangold (4)

Aus den Blättern und Stielen kann man exzellente Gemüsegerichte zubereiten. Jung geerntet schmecken die Blätter wie Spinat. Die Stiele eignen sich sehr gut für Gratins.

Pak Choi (23)

Der asiatische Pak Choi wird als Salat oder Gemüse zubereitet. Er muß sich noch seinen Platz in unserer Küche erobern.

Pastinake (8)

Die Pastinake (auch Hammelmöhre oder Moorwurzel) ist ein europäisches Wurzelgemüse, das vor der Verbreitung von Karotten und Kartoffeln eine wichtige Rolle spielte.

Petersilienwurzel (7)

Die Wurzel dieses feinen Gemüses schmeckt ähnlich wie Petersilie und wird von Meisterköchen gerne verwendet.

Portulak

Portulak ist eine beliebte Zutat zu Suppen oder wird als Salat angerichtet, er dient häufig als Ersatz für Kresse.

Postelein (Winterportulak)

Postelein oder „Kubaspinat" findet als Salat oder gekocht wie Spinat Verwendung.

Rauke bzw. Rucola (15)

Der würzige Rucola schmeckt als Salat oder als Beigabe in Saucen, Suppen oder Teigwaren.

Rettich (19)

Die verschiedenen Sorten sehen nur unterschiedlich aus, im Geschmack sind sie jedoch fast nicht zu unterscheiden. In Süddeutschland ist der Anbau regelrecht zur Spezialkultur entwickelt worden. Als Gemüse wird er speziell in der thailändischen Küche häufig als Neutralisator verwendet.

Rotkohl (13)

Rotkohl, auch Blaukraut oder Rotkraut genannt, wird gern zu Wild- oder Bratengerichten gereicht.

Rosenkohl (22)

Diese aus Belgien stammende Zuchtform des Kohls aus dem 18. Jahrhundert sollte erst nach dem ersten Frost geerntet werden.

Rote Bete

Rote Bete, auch Rote Rüben genannt, wird vor allem als Salatrübe verwendet. Man sollte sie immer erst nach dem Kochen schälen.

Rüben (21)

Das Fleisch der Speiserübe ist zart und saftig. In den angelsächsischen Ländern ist die Frühjahrsform Mairübe beliebt. In der Gegend um Berlin gedeiht mit dem Teltower Rübchen eine besonders zarte Variante. Während Mairüben einen lehmigen Boden verlangen, lieben Teltower Rübchen sandigen Boden, der etwa in Brandenburg vorkommt. Das gelbliche Fleisch der Kohlrübe (auch Steckrübe, Wrucke oder Unterkohlrabi genannt) dient als Zutat für viele feine Eintöpfe. Nachdem sie lange Zeit als Hunger- und Kriegsnahrung vom Speiseplan verbannt

wurde, wird die Kohlrübe heute von guten Köchen wieder gesellschaftsfähig gemacht.

Saubohne (17)

Die Saubohne, auch Puffbohne, Dicke Bohne oder Pferdebohne genannt, war im Mittelalter die wichtigste Ackerpflanze Europas.

Schwarzwurzel (16)

Die schmackhaften Schwarzwurzeln, auch Winterspargel genannt, gibt es auch als weiße Sorten. Da Schwarzwurzeln etwas problematisch zu putzen sind, werden sie nur wenig verwendet.

Spinat (14)

Spinat kann als Rohkost oder gekocht zubereitet werden, z. B. als Suppe.

Staudensellerie (18)

Der Staudensellerie, auch Stangen- oder Bleichsellerie genannt, bildet keine Knollen. Zum Kochen werden die dicken fleischigen Blattstiele verwendet. Er kann roh oder gedünstet, z. B. in Eintöpfen, verwendet werden.

Topinambur (20)

Topinambur, auch Erdbirne genannt, gehört zu den Sonnenblumen. Die Knollen der winterharten, ausdauernden Pflanze werden zu schmackhaften Beilagen verarbeitet.

Weißkohl (12)

Weißkohl, eine der ältesten Kohlarten, wird erstmals Anfang des 12. Jahrhunderts erwähnt. Mit seinem hohen Gehalt an Vitaminen ist er außerordentlich gesund. Ein großer Teil der Ernte wird jährlich zu vitaminreichem Sauerkraut verarbeitet, das man im Winter zu deftigen Fleischgerichten reicht.

Wirsing (11)

Die runzeligen Blätter des Wirsings, der auch Wirz genannt wird, eignen sich besonders gut für Eintopfgerichte. Im Handel sind zwei Sorten erhältlich, die entweder gelblich-hellgrüne oder dunkelgrüne Blätter besitzen.

Phantasievoll kulinarisch

Frisches Gemüse sollte sich
in Ihrem täglichen Speiseplan einen festen Platz
erobert haben – die Vielfalt
der Rezepte ist dabei
unerschöpflich. Genießen
Sie diese gesunden
Köstlichkeiten!

Pastinaken-Kürbis-Salat

- *Für 4 Personen*
- *Zubereitung: ca. 20 Min.*
- *ca. 250 kcal je Portion*

Z U T A T E N

Für den Salat

400 g Pastinaken
400 g Kürbis
1 Birne
2 Scheiben Pumpernickel
1 EL kaltgepreßtes Olivenöl
50 g Walnußkerne
einige grüne Salatblätter

Für die Sauce

150 g Joghurt (3,5 % Fett)
3 EL Obstessig
3 EL kaltgepreßtes Olivenöl
1 TL Zucker
Salz
schwarzer Pfeffer

1. Die Pastinaken putzen, schälen, waschen und trockentupfen. Den Kürbis schälen, von dem weichen Faserteil sowie den Kernen befreien.

2. Die Birne waschen, trockentupfen und der Länge nach halbieren. Das Kerngehäuse entfernen und die Birnenhälften in feine Scheiben schneiden.

3. Die Pumpernickel klein würfeln. Das Olivenöl in einer Pfanne erhitzen und die Brotwürfel darin kurz rösten.

4. Die Walnußkerne grob hacken. Die Salatblätter waschen, trockentupfen und eventuell grob zerkleinern. 4 Teller mit den Salatblättern auslegen.

5. Für die Sauce den Joghurt und den Essig in einer Schüssel miteinander verrühren Das Olivenöl unterrühren und die Sauce mit Zucker, Salz und Pfeffer abschmecken.

6. Das Gemüse raspeln und mit den Birnenscheiben zur Joghurtsauce geben. Das Ganze gründlich miteinander vermengen. Den Pastinaken-Kürbis-Salat auf den grünen Salatblättern anrichten und die Brotwürfel sowie die gehackten Walnüsse darüberstreuen.

Diese schwarze Brotsorte wird aus Roggenschrot zubereitet und stammt ursprünglich aus Westfalen. Pumpernickel wird bei niedrigen Temperaturen von 100 bis 180 °C in einem Zeitraum von 16 bis 36 Stunden im Dampfbackofen gebacken. Wegen ihres würzigen und zugleich leicht süßlichen Geschmacks ist diese beliebte Brotsorte vielseitig verwendbar – sei es zum Frühstück, als Appetithäppchen oder in der feinen Küche als interessante Geschmackszutat für phantasievolle Salate.

Lauchsalat

■ *Für 4 Personen*
■ *Zubereitung: ca. 25 Min.*
■ *ca. 310 kcal je Portion*

ZUTATEN

Für den Salat
600 g möglichst dünne
   Lauchstangen
1 EL Salz
1 TL Zucker
2 EL Butter

Für die Sauce
1 kleine rote Paprikaschote
3 Gewürzgurken
1 Zwiebel
2 EL Kapern (aus dem Glas)
6 EL Weinessig
100 ml Sonnenblumenöl
Salz
schwarzer Pfeffer
4 EL gehackte Petersilie

Für die Garnitur
150 g Portulak oder
   Posteleinsalat

1. Die Lauchstangen putzen und waschen, dabei jeweils den dunkelgrünen Teil entfernen. Die Lauchstangen in etwa 10 cm lange Stücke schneiden.

2. Etwa 2 Liter Wasser, Salz, Zucker und Butter zusammen in einen Topf geben und das Ganze aufkochen lassen. Die Lauchstücke dazugeben und in etwa 15 Minuten bei mittlerer Hitze im offenen Topf bißfest garen.

3. In der Zwischenzeit für die Sauce die Paprikaschote gründlich waschen. Sie der Länge nach halbieren, vom Stielansatz befreien und entkernen. Die Paprikaschote und die Gewürzgurken klein würfeln. Die Zwiebel schälen und fein hacken. Die Kapern abtropfen lassen und ebenfalls fein hacken.

4. Den Weinessig zusammen mit dem Sonnenblumenö gründlich verrühren und die Sauce mit Salz und Pfeffer würzen. Die Paprika- und die Gurkenwürfel sowie die Zwiebel- und Kapernstücke und die Petersilie dazugeben. Das Ganze gut vermischen.

5. Den Portulak oder Posteleinsalat verlesen, waschen und trockenschütteln. Den Salat auf 4 Teller verteilen. Die noch lauwarmen Lauchstücke darauf anrichten und mit der Sauce begießen.

■ *Verwenden Sie für diesen Salat je nach Saison anstelle von Lauch nach Belieben andere Gemüsesorten, beispielsweise Spargel oder Schwarzwurzeln.*
■ *Portulak können Sie bei vielen Gerichten anstelle der etwas schärfer schmeckenden Kresse verwenden.*
■ *Gekocht können Sie Posteleinsalat (Winterportulak) wie Spinat verwenden.*

Rettich-Karotten-Salat mit Ingwersauce

■ Für 4 Personen

■ Zubereitung: ca. 15 Min.

■ ca. 90 kcal je Portion

ZUTATEN

Für die Sauce

**1 Stück Ingwerwurzel
(ca. 2 cm)**

150 g Joghurt (3,5 % Fett)

2 EL Zitronensaft

1 TL Zucker

Salz

schwarzer Pfeffer

Für den Salat

1 Bund Schnittlauch

500 g Karotten

1 Rettich

1. Den Ingwer schälen und fein reiben. Den Joghurt in einer Schüssel zusammen mit Ingwer und Zitronensaft vermischen und das Ganze mit Zucker, Salz und Pfeffer würzen.

2. Den Schnittlauch verlesen, waschen, trockentupfen und in feine Röllchen schneiden. Karotten und Rettich putzen, schälen und waschen. Die Karotten in dünne Scheiben schneiden, den Rettich grob raspeln. Karotten und Rettich zur Sauce geben und alles miteinander vermengen. Zuletzt den Salat mit den Schnittlauchröllchen garnieren.

(auf dem Foto)

RETTICH

Das runde oder zapfenförmige Wurzelgemüse gibt es mit weißer, roter oder schwarzer Schale. Der weiße Sommerrettich ist besonders in Bayern beliebt. Der schwarze Winterrettich hält auf dem Feld Temperaturen von -10 °C unbeschadet aus und eignet sich hervorragend für die Lagerung. Bei allen Rettichsorten sollte man vor der Lagerung an einem kühlen, dunklen Ort die oberen Blatteile entfernen.

Gerstensalat

■ Für 4 Personen
■ Zubereitung: ca. 1 Std.
■ ca. 530 kcal je Portion

Z U T A T E N

1 l Gemüsebrühe
300 g Rollgerste
300 g Pak Choi (Senfkohl)
4 Tomaten
500 g Mairüben
125 g Kräuterfrischkäse
6 EL Weißweinessig

je 4 EL Öl und Milch
Salz, schwarzer Pfeffer

1. Die Brühe aufkochen, die Gerste einrieseln lassen. Sie etwa 30 Minuten kochen, bis sie alle Flüssigkeit aufgesogen hat.

2. Den Pak Choi putzen, waschen, in Stücke schneiden. Die Tomaten waschen, vierteln, putzen, in Spalten schneiden. Die Rüben putzen, schälen, waschen, raspeln.

3. Den Pak Choi nach etwa 25 Minuten Kochzeit zur Gerste geben und mitkochen. Den Käse untermengen und alles abkühlen lassen. Die Tomaten und die Rüben dazugeben.

4. Essig, Öl und Milch miteinander verrühren und mit Salz und Pfeffer würzen. Die Sauce zum Salat geben und alles gut vermengen.

(auf dem Foto: oben)

Rauke-Sellerie-Salat mit Bündner Fleisch

■ Für 4 Personen
■ Zubereitung: ca. 15 Min.
■ ca. 350 kcal je Portion

Z U T A T E N

150 g Rauke (Rucola)
200 g Knollensellerie
100 g Bündner Fleisch in
  dünnen Scheiben
4 EL Balsamicoessig
8 EL kaltgepreßtes Olivenöl
Salz
schwarzer Pfeffer
20 schwarze Oliven

1. Die Rauke verlesen, waschen und trockenschütteln.

2. Den Sellerie schälen, waschen und in längliche Streifen schneiden. Das Bündner Fleisch in breite Streifen schneiden.

3. Essig und Öl miteinander verrühren und die Sauce mit Salz und Pfeffer würzen.

4. Rauke, Sellerie und Bündner Fleisch in eine Schüssel geben und die Sauce darübergießen. Das Ganze gründlich miteinander vermengen und auf 4 Tellern

anrichten. Den Salat zum Schluß mit den schwarzen Oliven garnieren und servieren.

(auf dem Foto: unten)

■ *Verwenden Sie möglichst frisch gemahlenen Pfeffer aus der Mühle, da gemahlener Pfeffer mit der Zeit sein Aroma verliert.*

Topinamburssalat

- *Für 4 Personen*
- *Zubereitung: ca. 40 Min.*
- *ca. 270 kcal je Portion*

ZUTATEN

Für den Salat

750 g Topinambur

Salz

300 g Tomaten

2 Scheiben frische Ananas (ersatzweise aus der Dose)

1 Banane

100 g Maiskörner aus der Dose

Saft von 1 Zitrone

150 g Spinat oder Rauke (Rucola)

Für die Sauce

3 TL mittelscharfer Senf

Saft von 1/2 Zitrone

300 g Joghurt (3,5 % Fett)

Salz

schwarzer Pfeffer

edelsüßes Paprikapulver

Zucker

1. Die Topinambur gründlich waschen und in reichlich Salzwasser in 15 bis 20 Minuten bißfest garen.

2. In der Zwischenzeit die Tomaten waschen, trockentupfen, von den Stielansätzen befreien und in kleine Würfel schneiden. Die Ananasscheiben würfeln, die Banane schälen und in dünne Scheiben schneiden. Die Maiskörner abtropfen lassen.

3. Die gegarten Topinambur abgießen, etwas abkühlen lassen, schälen und in etwa 1 cm große Würfel schneiden. Topinambur-, Tomaten- und Ananaswürfel zusammen mit den Bananenscheiben und den Maiskörnern in eine Schüssel geben und alles locker miteinander vermischen. Zuletzt den Zitronensaft darüberträufeln.

4. Für die Sauce Senf, Zitronensaft und Joghurt gut miteinander verrühren und das Ganze mit Salz, Pfeffer, Paprikapulver und 1 Prise Zucker würzen. Die Sauce über die Topinamburmischung gießen und alles gründlich miteinander vermengen.

5. Den Spinat oder die Rauke waschen, verlesen und trockenschütteln. Eine Salatschüssel mit den Blättern auslegen und den Topinambursalat darin anrichten.

TOPINAMBUR

Das aus Nordamerika stammende Knollengemüse wird auch Erdbirne oder Erdartischocke genannt. Die winterharte, ausdauernde Pflanze gehört botanisch zu den Sonnenblumen. Topinambur wurde zuerst von den nordamerikanischen Indianern angepflanzt und kultiviert. Auch in der modernen Küche haben sich die eßbaren Knollen als schmackhafte Beilage einen Platz erobert. Das Knollengemüse läßt sich nach dem Garen erheblich leichter und sparsamer schälen als im rohen Zustand.

Lauwarmer Mangoldsalat

■ Für 4 Personen
■ Zubereitung: ca. 20 Min.
■ ca. 270 kcal je Portion
■ Dazu paßt Fleisch oder Fisch

ZUTATEN

Für den Salat

1,2 kg Mangold
100 g Champignons
2 EL Butter
1 EL Zitronensaft
Salz
1 EL gehackte glatte
  Petersilie
1 EL Schnittlauchröllchen
1 EL in Streifen geschnitte-
  ne Basilikumblätter
50 g Parmesan am Stück

Für die Sauce

150 g saure Sahne
abgeriebene Schale von
  $^1/_2$ Zitrone
2 EL Gemüsebrühe
schwarzer Pfeffer
Zucker

1. Den Mangold putzen und waschen. Dann die Stiele abschneiden und in etwa 2 cm breite Stücke schneiden.

2. Die Champignons putzen, waschen, trockenreiben und in dünne Scheiben schneiden. Die Butter in einer Pfanne zerlassen und die Pilze kurz in der heißen Butter andünsten. Sie dann herausnehmen und mit Zitronensaft beträufeln.

3. Die Mangoldstiele in reichlich kochendes Salzwasser geben und in etwa 3 Minuten bißfest kochen. Sie abgießen und abtropfen lassen.

4. Für die Sauce die saure Sahne zusammen mit der Zitronenschale und der Gemüsebrühe verrühren. Das Ganze mit Pfeffer würzen und mit 1 Prise Zucker abschmecken. Die lauwarmen Mangoldstiele dazugeben und alles gründlich miteinander vermengen.

5. Den Mangoldsalat auf 4 Tellern anrichten und jeweils die Kräuter und die Champignonscheiben darauf verteilen. Zum Schluß den Parmesan grob raspeln oder stifteln und darüberstreuen.

(auf dem Foto)

■ *Die Mangoldblätter können Sie entweder für Mangoldrouladen (Rezept S. 48) verwenden oder zu einer Suppe verarbeiten. Kochen Sie die Blätter kurz in $^1/_2$ Liter Gemüsebrühe, und pürieren Sie die Blätter zusammen mit der Brühe. Schmecken Sie die Suppe abschließend mit Salz, Pfeffer und etwas abgeriebener Muskatnuß ab.*

Lauwarmer Kohlsalat

- *Für 4 Personen*
- *Zubereitung: ca. 15 Min.*
- *ca. 300 kcal je Portion*

ZUTATEN

1 großer Kohlrabi
   (ca. 200 g)
500 g Weißkohl
100 g Speck
6 EL Weißweinessig
2 EL Öl
1/2 TL Kümmel
Salz
schwarzer Pfeffer

1. Den Kohlrabi putzen, schälen und grob raspeln. Vom Weißkohl die äußeren welken Blätter entfernen. Ihn waschen, vierteln und vom Strunk befreien. Die Weißkohlviertel fein hobeln.

2. Den Speck in kleine Würfel schneiden und diese ohne Fettzugabe in einer Pfanne braun braten.

3. Die Kohlstreifen und die Kohlrabiraspel zu den Speckwürfeln geben und sie darin wenden. Das Ganze mit Essig und Öl beträufeln und mit Kümmel, Salz und Pfeffer würzen. Den Salat sofort lauwarm servieren.

KOHLRABI

Der eßbare Teil der Pflanze ist die über der Erde wachsende Scheinknolle. Das beliebte Gemüse ist in Europa fast ganzjährig erhältlich und kann äußerst vielseitig verwendet werden – sei es gekocht als Gemüse, als Gratin oder als Salat zusammen mit anderen Gemüsesorten. Besonders köstlich ist junger, zarter Kohlrabi, der in Butter gedünstet wird. Auch die frischen, dunkelgrünen Blätter können wie Salat zubereitet und ebenfalls serviert werden.

Gemüsesalat

- *Für 4 Personen*
- *Zubereitung: ca. 50 Min.*
- *ca. 220 kcal je Portion*

Z U T A T E N

Für den Salat

350 g frische Saubohnen
350 g Pak Choi (Senfkohl)
350 g Zuckerschoten
350 g Kohlrabi
100 ml Gemüsebrühe
30 g Haselnußkerne
2 Frühlingszwiebeln

Für die Sauce

2 EL Magerquark
1 EL Zitronensaft
1 TL Senf
Salz
schwarzer Pfeffer
2 EL gehackte glatte
  Petersilie
1 EL gehackter Thymian
1 EL gehackter Oregano

1. Die Saubohnen in wenig Wasser in etwa 35 Minuten weich garen.

2. Inzwischen den Pak Choi putzen und dabei in die einzelnen Blätter zerteilen. Diese waschen und in mundgerechte Streifen schneiden.

3. Die Zuckerschoten waschen, abtropfen lassen und die Enden abschneiden. Den Kohlrabi putzen, schälen und zuerst in Scheiben, dann in Stifte schneiden. Die gegarten Saubohnen abgießen und gut abtropfen lassen.

4. Den Pak Choi zusammen mit den Zuckerschoten und den Kohlrabistiften in die Brühe geben. Das Ganze aufkochen lassen und das Gemüse bei kleiner Hitze zugedeckt in etwa 10 Minuten bißfest garen.

5. In der Zwischenzeit für die Salatsauce den Magerquark zusammen mit dem Zitronensaft und dem Senf gründlich verrühren. Die Sauce mit Salz und Pfeffer würzen. Zuletzt die Kräuter unterheben.

6. Das gegarte Gemüse mit einem Schaumlöffel aus dem Sud heben und diesen zur Sauce gießen. Die Sauce nochmals gut verrühren und mit dem Gemüse sowie den Saubohnen gründlich vermengen. Den Salat auf 4 Tellern anrichten.

7. Die Haselnußkerne grob hacken. Die Frühlingszwiebeln waschen, putzen und zusammen mit dem Grün in feine Ringe schneiden. Die Frühlingszwiebelringe zusammen mit den Nüssen über den Salat streuen und diesen servieren.

T I P

- *Bringen Sie ein paar Farbtupfer in den Salat, indem Sie 1 Tomate in Würfel schneiden und diese unter den Salat mengen.*

Spinatsalat mit Kichererbsen

■ *Für 4 Personen*
■ *Zubereitung: ca. 1 ¹/₂ Std.*
  (plus ca. 12 Std. Zeit zum
  Einweichen)
■ *ca. 240 kcal je Portion*

ZUTATEN

Für den Salat
200 g Kichererbsen
150 g Spinat
2 Frühlingszwiebeln
2 EL Korinthen

Für die Sauce
1 kleine Schalotte
100 g Joghurt (3,5 % Fett)
1 Eigelb
1 TL mittelscharfer Senf
4 EL Himbeeressig
4 EL warme Gemüsebrühe
Salz
schwarzer Pfeffer

1. Die Kichererbsen 12 Stunden, am besten über Nacht, in Wasser einweichen. Sie danach in reichlich Wasser in etwa 1 Stunde weich kochen.

2. Inzwischen den Spinat sorgfältig verlesen, waschen und sehr gut abtropfen lassen. Die Frühlingszwiebeln putzen, waschen und zusammen mit dem Grün in Ringe schneiden.

3. Für die Salatsauce die Schalotte schälen, vierteln und durch eine Knoblauchpresse drücken. Den Joghurt zusammen mit Eigelb, Senf, Essig und Gemüsebrühe verrühren. Die Sauce mit Salz und Pfeffer würzen.

4. Die Kichererbsen in ein Sieb geben und gut abtropfen lassen. Sie in einer Schüssel zusammen mit dem Spinat und den Frühlingszwiebelringen vermengen. Die Sauce darübergießen und alles gut miteinander vermischen. Den Salat anrichten und mit den Korinthen garnieren.

SPINAT

Das äußerst beliebte Blattgemüse wird bei uns meistens gekocht oder gedämpft serviert. Spinat kann jedoch auch roh für feine oder – zusammen mit Schinken und Edelpilzkäse – für deftige Salate verwendet werden. Hierfür eignen sich nur die zarten Frühlings- und Sommersorten, nicht jedoch der eher zähe, großblättrige Winterspinat. Spinat ist bei uns im Handel vom späten Frühjahr bis Ende Oktober frisch erhältlich, als Tiefkühlware ganzjährig. Beim Einkauf sollten Sie darauf achten, daß die frische Ware keine welken oder gelblichen Blätter und keine holzigen Stengel aufweist. Wer auf Tiefkühlware zurückgreift, sollte folgende Faustregel beachten: 650 Gramm tiefgekühlter Spinat entsprechen etwa 1 Kilogramm frischer Ware.

Rote-Bete-Salat mit Äpfeln und Pistazien

einfach

- *Für 4 Personen*
- *Zubereitung: ca. 15 Min.*
  (plus ca. 30 Min. Ruhezeit)
- *ca. 310 kcal je Portion*

ZUTATEN

600 g rohe rote Beten
1 säuerlicher Apfel
Saft von 1/2 Zitrone
1 Stück frische Meerrettich-
wurzel (ca. 2 cm)
2 EL Essig
6 EL Öl
1 EL mittelscharfer Senf
Salz
schwarzer Pfeffer
2 EL Pistazienkerne

1. Die roten Beten schälen und fein raspeln. Den Apfel waschen, halbieren, vom Kerngehäuse befreien und in feine Spalten schneiden. Diese sofort mit Zitronensaft beträufeln, damit sie nicht braun werden.

2. Den Meerrettich schälen und direkt in eine Schüssel fein reiben. Essig, Öl und Senf dazugeben. Alles gut miteinander verrühren und mit Salz und Pfeffer würzen.

3. Die roten Beten und die Apfelscheiben zur Sauce geben. Alles gut miteinander vermengen und etwa 30 Minuten ziehen lassen.

4. Danach den Salat nochmals abschmecken und auf 4 Tellern anrichten. Die Pistazien grob hacken, auf den Salat streuen und diesen servieren.

(auf dem Foto)

TIP

- *Wenn Sie rote Beten verarbeiten, sollten Sie am besten Küchenhandschuhe tragen, da die Knollen sehr ausfärben.*

Busecca (italienischer Kutteleintopf)

herzhaft

- *Für 4 Personen*
- *Zubereitung: ca. 1 Std.*
- *ca. 620 kcal je Portion*

Z U T A T E N

2 Zwiebeln
2 Stangen Lauch
250 g Mairüben oder
 Herbstrüben
300 g Knollensellerie
2 Topinamburs
200 g Weißkohl
400 g Tomaten
3 EL Öl
5 EL Tomatenmark
2 l Fleischbrühe
500 g Kutteln
300 g frische Saubohnen
60 g Speck am Stück
2 Knoblauchzehen
2 EL gehackte glatte Peter-
 silie
1 EL gehackter Thymian
1 EL in Streifen geschnitte-
 ne Basilikumblätter
100 g geriebener Parmesan

1. Die Zwiebeln schälen und fein hacken. Den Lauch putzen, waschen, trockentupfen und zusammen mit dem Grün in Ringe schneiden.

2. Die Rüben und den Sellerie putzen, schälen, waschen und in Würfel schneiden. Die Topinamburs schälen, waschen und ebenfalls würfeln.

3. Vom Weißkohl die äußeren welken Blätter entfernen. Ihn waschen, vierteln und vom Strunk befreien. Die Kohlviertel in Streifen schneiden.

4. Die Tomaten über Kreuz einritzen, etwa 15 Sekunden überbrühen, abschrecken und enthäuten. Sie von den Stielansätzen befreien, entkernen und würfeln.

5. Von dem Öl 2 Eßlöffel in einem Topf erhitzen. Zwiebelstücke, Lauchringe, Rüben-, Sellerie- und Topinamburswürfel zusammen mit den Kohlstreifen kurz im heißen Öl dünsten. Dann die Tomatenwürfel und das Tomatenmark hinzufügen und das Ganze mit der Fleischbrühe ablöschen.

6. Die Kutteln und die Bohnen dazugeben und die Suppe etwa 30 Minuten bei mittlerer Hitze zugedeckt köcheln lassen.

7. Danach den Speck in kleine Würfel schneiden. Den Knoblauch schälen und hacken. Das restliche Öl in einer Pfanne erhitzen. Die Speckwürfel zusammen mit dem Knoblauch und den Kräutern kurz darin dünsten. Die Speck-Kräuter-Mischung in die Suppe geben und diese servieren. Dazu den Käse getrennt reichen und diesen vor dem Verzehr über die Suppe streuen.

Kalte Gurkensuppe mit Quark-Gnocchi

erfrischend

- *Für 4 Personen*
- *Zubereitung: ca. 1 Std. (plus ca. 2 1/2 Std. Kühlzeit)*
- *ca. 280 kcal je Portion*

ZUTATEN

Für die Suppe

2 Salatgurken
1/2 Zwiebel
1 Knoblauchzehe
2 EL Butter
1/2 l Gemüsebrühe
Salz
schwarzer Pfeffer
Tabascosauce

Für die Gnocchi

1 Ei
1 Eigelb
125 g Magerquark
5 EL geriebener Parmesan
Salz
geriebene Muskatnuß
50 g Mehl
50 g Grieß

Für die Garnitur

1 Zweig Dill

1. Die Salatgurken wascher , der Länge nach halbieren und mit Hilfe eines Löffels entkernen. Die Gurkenhälften in kleine Würfel schneiden.

2. Die Zwiebel und den Knoblauch schälen und fein hacken. Die Butter in einer Pfanne erhitzen und die Zwiebel- und Knoblauchstückchen darin andünsten. Dann die Gurkenwürfel dazugeben und kurz dämpfen. 4 Eßlöffel Gurkenwürfel aus der Pfanne nehmen und beiseite stellen.

3. Die restliche Gurken-Zwiebel-Mischung mit der Gemüsebrühe aufgießen und die Suppe zugedeckt etwa 30 Minuten bei mittlerer Hitze köcheln lassen.

4. Anschließend die Suppe in einem Mixgerät oder mit dem Pürierstab eines Handrührgeräts fein pürieren. Sie mit Salz, Pfeffer und einigen Tropfen Tabascosauce kräftig würzen. Die beiseite gestellten Gurkenwürfel dazugeben und die Suppe etwa 2 Stunden im Kühlschrank kalt stellen.

5. Inzwischen für die Gnocchi das Ei und das Eigelb verquirlen und mit dem Quark gut verrühren. Den Parmesan unterrühren und die Masse mit Salz und 1 Prise Muskatnuß abschmecken. Das Mehl und den Grieß dazugeben und alles gut miteinander vermengen. Die Gnocchimasse etwa 30 Minuten ruhen lassen, bis sie etwas fester geworden ist.

6. Danach etwa 2 Liter Wasser in einem Topf aufkochen. Von der Gnocchimasse mit 2 Teelöffeln Klöße (Gnocchi) abstechen. Die Gnocchi ins siedende Wasser gleiten und etwa 8 Minuten darin ziehen lassen. Sie dann mit einem Schaumlöffel herausnehmen und abkühlen lassen.

7. Die kalte Gurkensuppe in 4 tiefe Teller geben und die Gnocchi darauf verteilen. Den Dill verlesen, waschen, trockentupfen und die Zweige abzupfen. Die Suppe damit garnieren.

(auf dem Foto)

Grüne Erbsensuppe

- *Für 4 Personen*
- *Zubereitung: ca. 40 Min.*
- *ca. 220 kcal je Portion*

ZUTATEN

1 kg grüne Erbsen
30 g Reis
$^1/_2$ l Gemüsebrühe
Salz
schwarzer Pfeffer
$^1/_2$ TL Zucker
einige Zweige Kerbel

1. Die Erbsen aus den Hülsen puhlen. Den Reis in einem Sieb unter fließendem, kaltem Wasser abspülen.

2. Die Brühe in einem Topf aufkochen lassen. Die Erbsen und den Reis hineingeben und das Ganze zugedeckt etwa 20 Minuten bei kleiner Hitze sanft köcheln lassen.

3. Danach die Suppe in einem Mixgerät oder mit dem Pürierstab eines Handrührgeräts fein pürieren. Sie anschließend durch ein Sieb zurück in den Topf passieren. Die Suppe mit Salz, Pfeffer und Zucker würzen und nochmals aufkochen lassen.

4. Den Kerbel verlesen, waschen, trockentupfen und in kleine Zweige zupfen. Die Suppe in 4 tiefe Teller verteilen und mit den Kerbelzweigen garnieren.

TIP

- *Nach Belieben können Sie die Suppe nach dem Pürieren noch mit 100 g süßer Sahne verfeinern.*

Lammfrikassee mit Pastinaken

- *Für 4 Personen*
- *Zubereitung: ca. 1 ¹/₄ Std.*
- *ca. 650 kcal je Portion*

ZUTATEN

500 g Pastinaken
1 Teltower Rübchen
600 g Kartoffeln oder
  Topinamburs
1 Stange Lauch
800 g Lammfleisch
  (z. B. aus der Schulter)
2 Zwiebeln
2 Knoblauchzehen
2 EL Öl
3 EL gehackte glatte
  Petersilie
¹/₂ l Fleisch- oder Gemüse-
  brühe
Salz
schwarzer Pfeffer
1 TL Kümmel

1. Die Pastinaken und das Teltower Rübchen putzen, schälen, waschen und in etwa 4 cm lange Stifte schneiden. Die Kartoffeln oder Topinamburs schälen, waschen und in etwa 2 cm große Würfel schneiden.

2. Die Lauchstange putzen, der Länge nach aufschneiden und gründlich waschen. Das obere grüne Drittel wegschneiden. Die restliche Lauchstange in etwa 2 cm breite Ringe schneiden.

3. Das Fleisch gegebenenfalls von Haut- und Sehnenresten befreien und in etwa 2 cm große Würfel schneiden.

4. Die Zwiebeln und den Knoblauch schälen und fein hacken. 1 Eßlöffel Öl in einem Topf erhitzen. Zwiebeln und Knoblauch zusammen mit der Petersilie kurz darin dünsten, wieder aus der Pfanne nehmen und beiseite stellen.

5. Das restliche Öl in die Pfanne geben und erhitzen. Das Fleisch darin von allen Seiten kräftig anbraten und dann mit der Brühe ablöschen. Die Zwiebel-Petersilien-Mischung dazugeben und das Ganze leicht salzen und pfeffern.

6. Den Kümmel in ein Tee-Ei einfüllen und dieses in die Sauce legen. Das Ganze etwa 20 Minuten bei kleiner Hitze zugedeckt köcheln lassen.

7. Danach die Pastinaken- und Rübenstifte, die Lauchringe sowie die Kartoffel- oder Topinamburswürfel dazugeben und alles nochmals etwa 20 Minuten zugedeckt köcheln, bis das Gemüse und das Fleisch weich sind.

8. Das Tee-Ei mit dem Kümmel herausnehmen. Alles mit Salz und Pfeffer abschmecken, in 4 tiefe Teller füllen und servieren.

TIP

- *Sie können dieses Gericht bereits 1 Tag im voraus zubereiten und vor dem Servieren einfach aufwärmen.*

Suppenhuhn mit Kichererbsen

braucht etwas Zeit

- *Für 4 Personen*
- *Zubereitung: ca. 3 Std. (plus ca. 12 Std. Zeit zum Einweichen)*
- *ca. 920 kcal je Portion*

ZUTATEN

250 g Kichererbsen
1 Suppenhuhn (ca. 1,5 kg)
4 Stangen Lauch
2 Teltower Rübchen
3 Zweige Basilikum
1 Zweig Estragon
1 Zweig Thymian
3 Lorbeerblätter
Salz
**1 TL schwarze Pfeffer-
  körner**
2 l Hühnerbrühe
2 Zwiebeln
4 Knoblauchzehen
500 g Pak Choi (Senfkohl)
4 Tomaten
1 kleine, rote Chilischote
2 EL Butter

1. Die Kichererbsen 12 Stunden, am besten jedoch über Nacht, in Wasser einweichen.

2. Das Suppenhuhn unter fließendem, kaltem Wasser gründlich waschen und trockentupfen. Den Lauch putzen und waschen. 2 Lauchstangen in Ringe schneiden, die anderen beiden beiseite legen. Die Teltower Rübchen putzen, schälen, waschen und fein würfeln. Basilikum, Estragon und Thymian verlesen und waschen.

3. Das Huhn in einen Topf legen. Lauchringe, Rübenwürfel, Kräuter, Lorbeerblätter, etwas Salz und die Pfefferkörner dazugeben. Die Brühe dazugießen und das Ganze zugedeckt bei mittlerer Hitze etwa 90 Minuten garen.

4. Die Kichererbsen in ein Sieb abgießen und zu der Suppe hinzufügen. Das Ganze nochmals zugedeckt bei mittlerer Hitze etwa 45 Minuten garen. Danach die Brühe abgießen und anderweitig verwenden.

5. Das Huhn aus dem Topf nehmen, das Fleisch von den Knochen lösen, kleinschnei-den und wieder zurück zu den Kichererbsen geben.

6. Die Zwiebeln und den Knoblauch schälen und fein hacken. Die restlichen 2 Lauchstangen in Ringe schneiden. Den Pak Choi putzen und ihn dabei in die einzelnen Blätter zerteilen. Diese waschen und in mundgerechte Streifen schneiden.

7. Die Tomaten über Kreuz einritzen, blanchieren, abschrecken und enthäuten. Sie von den Stielansätzen befreien, entkernen und würfeln. Die Chilischote waschen.

8. Die Butter in einer Pfanne zerlassen. Zwiebel- und Knoblauchstücke, Lauchringe, Chilischote und Pak Choi darin andünsten. Die Tomatenwürfel zufügen und das Ganze kurz kochen lassen. Alles zum Hühnereintopf geben und das Ganze nochmals zugedeckt etwa 10 Minuten köcheln lassen.

(auf dem Foto)

Topinamburs-Birnen-Suppe mit Ingwer

außergewöhnlich

■ *Für 4 Personen*
■ *Zubereitung: ca. 1 Std.*
■ *ca. 130 kcal je Portion*

ZUTATEN

250 g Topinamburs
400 g Birnen
850 ml Gemüsebrühe
1 Stück frische Ingwer-
  wurzel (ca. 2 cm)
Salz
schwarzer Pfeffer
150 g Rauke (Rucola)

1. Die Topinamburs schälen, waschen und würfeln. Die Birnen schälen, halbieren, vom Kerngehäuse befreien und würfeln.

2. Die Brühe in einem Topf aufkochen lassen. Die Topinamburs- und Birnenwürfel beigeben und sie in etwa 30 Minuten zugedeckt bei mittlerer Hitze weich kochen. Das Ganze in einem Mixgerät oder mit dem Pürierstab eines Handrührgeräts pürieren und in den Topf zurückgießen und nochmals aufkochen.

3. Den Ingwer schälen und fein reiben. Die Suppe mit dem Ingwer sowie mit Salz und Pfeffer würzen.

4. Die Rauke putzen, waschen und grob hacken. Die Suppe in 4 Teller verteilen und mit der Rauke garnieren.

TIP
■ *Sie können die Suppe auch äußerst schmackhaft anstelle von Topinamburs mit der gleichen Menge Süßkartoffeln zubereiten. Diese ergeben eine feine cremige Substanz und eine schöne, leicht orange Farbe.*

Rosenkohl-Morchel-Suppe

fein

- *Für 4 Personen*
- *Zubereitung: ca. 1 Std.*
- *ca. 240 kcal je Portion*

Z U T A T E N

25 g getrocknete Morcheln
500 g Rosenkohl
1/2 l Gemüsebrühe
2 Schalotten
1 Knoblauchzehe
2 EL Butter
100 ml Weißwein
50 ml Noilly Prat
   (trockener Wermut)
Salz
schwarzer Pfeffer
2 EL Cognac
150 g süße Sahne

1. Die Morcheln etwa 30 Minuten in warmem Wasser einweichen.

2. In der Zwischenzeit den Rosenkohl putzen, waschen und in der Gemüsebrühe sehr weich kochen. Anschließend das Ganze in einem Mixgerät oder mit dem Pürierstab eines Handrührgeräts pürieren.

3. Die Morcheln in einem Sieb unter fließendem, kaltem Wasser sehr gut waschen. S e dann trockenschütteln und fein hacken.

4. Die Schalotten und den Knoblauch schälen und fein hacken. Die Butter in einem Topf zerlassen und beides darin andünsten. Die Morcheln hinzufügen und etwa 3 Minuten dünsten. Das Ganze mit dem Weißwein und dem Noilly Prat ablöschen und so lange bei großer Hitze offen kochen lassen, bis fast die gesamte Flüssigkeit verdunstet ist.

5. Die Rosenkohlsuppe zur Zwiebel-Pilz-Mischung gießen und zugedeckt bei kleiner Hitze 5 bis 8 Minuten sanft köcheln lassen.

6. Die Rosenkohl-Morchel-Suppe mit Salz und Pfeffer abschmecken und mit dem Cognac verfeinern. Zuletzt die Sahne unterrühren. Die Suppe nochmals aufkochen lassen, in 4 tiefe Teller verteilen und sofort servieren.

N O I L L Y   P R A T

Dieser Würzwein zählt zu den bekanntesten französischen Wermutmarken. Wermut (Vermouth) stammt ursprünglich aus Italien und wird heute mit eher süßer Geschmacksrichtung in Italien und eher trocken in Frankreich hergestellt. Dazu versetzt man Weißwein mit einem Auszug der Wermutpflanze, die für den typischen, leicht bitteren Geschmack des Getränks verantwortlich ist. Wermut wird gerne gekühlt als appetitanregender Aperitif getrunken. In der französischen Küche wird Noilly Prat vor allem für Rahmsaucen zu Fischgerichten verwendet.

Minestrone

- *Für 4 Personen*
- *Zubereitung: ca. 40 Min.*
- *ca. 520 kcal je Portion*

ZUTATEN

150 g Mortadella in Scheiben
1 Zwiebel
2 EL kaltgepreßtes Olivenöl
1 l Gemüsebrühe
5 Stangen Kardonen (ersatzweise Staudensellerie)
120 g Makkaroni
250 g frische Saubohnen
Salz
schwarzer Pfeffer
150 g geriebener Parmesan

1. Die Mortadella in Vierecke schneiden. Die Zwiebel schälen und fein hacken.

2. Das Öl in einem Topf erhitzen, die Mortadella und Zwiebelstückchen darin anbraten. Das Ganze mit der Brühe ablöschen.

3. Die Kardonen putzen, waschen und von den Blättern befreien. An den Blattstielen die Fäden mit einem Sparschäler in Längsrichtung abziehen. Die Stiele in etwa 1 cm breite Stücke schneiden.

4. Die Kardonenstücke zusammen mit den Makkaroni und den Saubohnen in die Brühe geben.

5. Das Ganze etwa 20 Minuten zugedeckt bei mittlerer Hitze köcheln lassen und mit Salz und Pfeffer abschmekken. Die Suppe in 4 tiefe Teller verteilen, den Käse darüberstreuen und sofort heiß servieren.

(auf dem Foto)

TIP

- *Sie können die Minestrone im voraus zubereiten und vor dem Servieren nochmals aufwärmen. In diesem Fall müssen Sie jedoch etwa 100 ml mehr Flüssigkeit zugeben.*

Grünkohleintopf

würzig

- *Für 4 Personen*
- *Zubereitung: ca. 2 ¼ Std.*
- *ca. 720 kcal je Portion*
- *Dazu passen Salzkartoffeln*

ZUTATEN

1 Pfefferschote

2 Knoblauchzehen

800 g Tomaten

**800 g Rind- oder Lamm-
fleisch (aus der Schulter)**

3 EL kaltgepreßtes Olivenöl

**3 EL gehackte glatte
Petersilie**

Salz

schwarzer Pfeffer

1 kg Grünkohl

150 g süße Sahne

1. Die Pfefferschote waschen, längs halbieren, entkernen und kleinschneiden. Den Knoblauch schälen und durch eine Knoblauchpresse drücken.

2. Die Tomaten über Kreuz einritzen, etwa 15 Sekunden überbrühen, abschrecken und enthäuten. Sie von den Stielansätzen befreien, entkernen und würfeln.

3. Das Fleisch gegebenenfalls von Haut- und Sehnenresten befreien und in etwa 2 cm große Würfel schneiden.

4. Das Ölivenöl in einem Topf erhitzen. Die Petersilie, die Pfefferschote und den Knoblauch kurz darin dünsten. Die Fleischwürfel dazugeben und von allen Seiten kräftig anbraten.

5. Die Tomatenwürfel dazugeben und untermischen. Das Ganze mit Salz und Pfeffer würzen und etwa 90 Minuten zugedeckt bei kleiner Hitze sanft köcheln lassen.

6. In der Zwischenzeit den Grünkohl putzen und waschen, dabei die dicken Blattrippen entfernen und die Blätter in etwa 2 cm breite

Streifen schneiden. Die Grünkohlstreifen in siedendem Wasser etwa 5 Minuten blanchieren und danach gut abtropfen lassen.

7. Nach etwa 1 Stunde Kochzeit den Grünkohl zum Eintopf geben und das Ganze nochmals etwa 30 Minuten köcheln lassen.

8. Dann die Sahne dazugießen, alles aufkochen und ein paar Minuten kochen lassen. Den Eintopf nochmals mit Salz und Pfeffer abschmecken. Ihn auf 4 tiefe Teller verteilen und servieren.

TIP

- *Wenn Sie Knoblauch verwenden, sollten Sie immer darauf achten, daß Sie vor dem Anbraten die grünen Triebe aus den Zehen entfernen, da diese die Speisen bitter machen.*

Gemüsegulasch

- *Für 4 Personen*
- *Zubereitung: ca. 1 ¹/₄ Std.*
- *ca. 350 kcal je Portion*

Z U T A T E N

800 g Topinamburs
250 g Herbstrüben
500 g Kürbis
500 g Pak Choi
200 g Rosenkohl
200 g Zuckerschoten
1 Zwiebel
1 Knoblauchzehe
2 EL Öl
500 g Tomaten
3 EL Tomatenmark
¹/₂ l Gemüsebrühe
200 g frische Saubohnen
2 EL Paprikapulver
1 TL Kümmel
Salz
schwarzer Pfeffer

1. Die Topinamburs schälen, waschen und in Würfel schneiden. Die Herbstrüben putzen, schälen, waschen und in Stifte schneiden. Den Kürbis schälen, vom weichen Faserteil sowie den Kernen befreien und das feste Fruchtfleisch in Würfel schneiden.

2. Den Pak Choi putzen und ihn dabei in die einzelnen Blätter zerteilen. Diese waschen und in mundgerechte Streifen schneiden.

3. Den Rosenkohl putzen und waschen. Die Zuckerschoten waschen und die Enden abschneiden.

4. Die Zwiebel und den Knoblauch schälen und fein hacken. Das Öl in einem großen Topf erhitzen, Zwiebel und Knoblauch kurz darin andünsten. Die Topinamburswürfel sowie die Rübenstifte dazugeben und andünsten. Dann Kürbiswürfel, Pak Choi, Rosenkohl und Zuckerschoten hinzufügen und das Ganze etwa 5 Minuten zugedeckt bei mittlerer Hitze dünsten.

5. In der Zwischenzeit die Tomaten über Kreuz einritzen, etwa 15 Sekunden überbrühen, abschrecken und

enthäuten. Sie von den Stielansätzen befreien, entkernen und würfeln.

6. Die Tomatenwürfel und das Tomatenmark zum Gemüse geben und alles vermischen. Das Ganze mit der Brühe ablöschen. Die Saubohnen, das Paprikapulver und den Kümmel zufügen. Alles zugedeckt etwa 25 Minuten bei kleiner Hitze köcheln lassen. Den Gulasch mit Salz und Pfeffer kräftig abschmecken, in 4 Teller verteilen und servieren.

(auf dem Foto)

TIP

- *Rosenkohl ist bei uns als typisches Wintergemüse zwischen Herbst und Frühjahr frisch erhältlich, als Tiefkühlware ganzjährig. Achten Sie beim Einkauf darauf, daß die Köpfchen fest geschlossen sind und keine welken Blätter aufweisen.*

Petersilien-Schwarzwurzel-Eintopf

■ *Für 4 Personen*
■ *Zubereitung: ca. 1 Std.*
■ *ca. 640 kcal je Portion*

ZUTATEN

Saft von $^1/_2$ Zitrone
600 g Schwarzwurzeln
500 g Topinamburs
$^1/_2$ TL Salz
400 g Petersilienwurzeln
  mit dem Grün
200 g Speckwürfel
100 ml Weißwein
150 g süße Sahne
Salz
schwarzer Pfeffer

1. Etwa 2 Liter Wasser zusammen mit dem Zitronensaft in einen Topf gießen. Die Schwarzwurzeln unter fließendem Wasser gründlich abbürsten. Sie großzügig schälen und in etwa 5 cm lange Stücke schneiden. Diese sofort in das Zitronenwasser geben, damit sie nicht braun werden.

2. Die Topinamburs schälen, waschen und zu den Schwarzwurzeln geben. Das Ganze aufkochen, salzen und zugedeckt bei mittlerer Hitze in etwa 20 Minuten garen.

3. Inzwischen die Petersilienwurzeln zusammen mit dem Grün putzen und waschen.

Die Wurzeln schälen und in dünne Scheiben schneiden, das Grün kleinschneiden.

4. Die Speckwürfel in einer Pfanne ohne Fettzugabe braten. Petersilienwurzeln und -grün dazugeben. Alles kurz dämpfen, mit Wein ablöschen und zugedeckt etwa 5 Minuten köcheln lassen.

5. Die Schwarzwurzeln und Topinamburs abgießen. Die Petersilienwurzel-Mischung und die Sahne dazugeben, alles gut miteinander vermengen, aufkochen lassen und nochmals mit Salz und Pfeffer abschmecken.

Safran-Fisch-Couscous

- *Für 4 Personen*
- *Zubereitung: ca. 40 Min.*
- *ca. 370 kcal je Portion*

ZUTATEN

400 g Mangold
¹/₂ l Gemüsebrühe
¹/₂ Salatgurke
160 g Couscous
2 Briefchen Safran (à 0,2 g)
Salz
schwarzer Pfeffer
600 g Fischfilet (z. B.
  Dorsch, Kabeljau)
150 g süße Sahne
einige Safranfäden
¹/₂ Bund Schnittlauch

1. Den Mangold putzen, waschen und die Blätter sowie die Stiele in mundgerechte Streifen schneiden.

2. Die Brühe in einem Topf erhitzen, die Mangoldstreifen dazugeben und zugedeckt etwa 10 Minuten bei kleiner Hitze sanft köcheln lassen.

3. In der Zwischenzeit die Salatgurke waschen und in Scheiben schneiden.

4. Den Mangold aus der Brühe heben. Die Brühe aufkochen lassen, den Couscous sowie die Gurkenscheiben dazugeben. Das Ganze mit Safran, Salz und Pfeffer würzen und etwa 5 Minuten zugedeckt bei kleiner Hitze köcheln lassen.

5. Den Fisch unter fließendem, kaltem Wasser waschen, abtupfen und würfeln. Die Fischwürfel zusammen mit den Mangoldstreifen zum Couscous geben und das Ganze mit der Sahne verfeinern. Alles gut vermischen und nochmals etwa 5 Minuten zugedeckt bei kleiner Hitze sanft ziehen lassen.

6. Die Safranfäden kurz in Wasser einweichen. Den Schnittlauch verlesen, waschen und in feine Röllchen schneiden. Den Couscous auf 4 Teller verteilen, mit dem Safran und den Schnittlauchröllchen garnieren und sofort servieren.

COUSCOUS

In arabischsprachigen Ländern wird dieses Grundnahrungsmittel aus grob gemahlenem und anschließend zu Kügelchen gedrehtem Hartweizen oder aus Hirse hergestellt. Couscous wird in vielen Gerichten verwendet, so etwa in pikanten Lammeintöpfen, zusammen mit Gemüse oder als Füllung für Auberginen. Er dient auch als Grundlage von süßen Gerichten mit Datteln, Rosinen und Milch. Berühmt ist das gleichnamige marokkanische Gericht, das aus Couscous und sieben verschiedenen Gemüsesorten zubereitet wird.

Kaltes Topinamburs-Fisch-Ragout

■ *Für 4 Personen*
■ *Zubereitung: ca. 50 Min.*
   (plus 1 Std. Zeit zum Ziehen)
■ *ca. 400 kcal je Portion*

ZUTATEN

750 g Topinamburs
Salz
150 g saure Sahne
50 ml Kaffeesahne
3 EL Mayonnaise
schwarzer Pfeffer
$^1/_2$ l Gemüsebrühe
2 Scheiben Lachs
  (ca. 400 g)
1 Salatgurke
2 EL feingehackte Minze

1. Die Topinamburs gründlich waschen und in reichlich Salzwasser in 15 bis 20 Minuten bißfest garen.

2. In der Zwischenzeit die saure Sahne zusammen mit der Kaffeesahne und der Mayonnaise verrühren.

3. Die gegarten Topinamburs schälen und in etwa 1 cm dicke Scheiben schneiden. Diese sofort mit der Sahnemischung vermengen, mit Salz und Pfeffer würzen und etwa 1 Stunde ziehen lassen.

4. Die Brühe aufkochen. Die Fischscheiben waschen, trockentupfen und in die Brühe legen. Sie etwa 10 Minuten zugedeckt bei kleiner Hitze ziehen lassen.

5. Die Lachsscheiben aus der Brühe herausnehmen und abkühlen lassen. Sie von Haut und Gräten befreien und in mundgerechte Würfel schneiden.

6. Die Salatgurke waschen und in dünne Scheiben schneiden. Diese mit Salz würzen.

7. Die Fischwürfel zusammen mit den Gurkenscheiben zu den Topinamburs geben. Die Minze hinzufügen, alles sorgfältig vermengen, auf 4 Tellern anrichten und sofort servieren.

■ *Anstelle von Lachs können Sie für das Ragout auch die gleiche Menge anderer festfleischiger Fischsorten verwenden – so etwa Thunfisch, Haifisch oder Seeteufel.*

■ *Wenn Sie statt Fisch lieber Fleisch essen, können Sie dieses Gericht auch mit der gleichen Menge Hühner- oder Putenfleisch zubereiten. In diesem Fall müssen Sie das Geflügelfleisch in mundgerechte Würfel schneiden und von Anfang an in der Brühe mitkochen (siehe Schritt 4.).*

Gemüsetortillas

- *Für 4 Personen*
- *Zubereitung: ca. 40 Min.*
- *ca. 590 kcal je Portion*

Z U T A T E N

Für die Sauce
3 Knoblauchzehen
3 Zwiebeln
3 EL Öl
5 EL scharfe Chilisauce
   (Fertigprodukt)
200 ml Rotwein
Salz
Cayennepfeffer

Für die Tortillas
850 g Topinambur
1 kleiner Pak Choi
   (Senfkohl)
400 g Wirsing
6 EL Butter
Salz
schwarzer Pfeffer
6 Eier
5 EL Milch

1. Den Knoblauch schälen und durch eine Knoblauch- presse drücken. Die Zwiebeln schälen und fein hacken. Das Öl in einer Pfanne erhitzen. Die Zwiebeln und den Knob- lauch dazugeben und kurz darin dünsten.

2. Die Zwiebel-Knoblauch- Mischung mit der Chilisauce und dem Rotwein ablöschen. Das Ganze in der offenen Pfanne köcheln lassen, bis die Sauce eingedickt ist. Die Sauce mit Salz und 1 Prise Cayennepfeffer scharf abschmecken und warm stellen.

3. Die Topinambur waschen und in reichlich Salzwasser in 15 bis 20 Minuten bißfest garen.

4. In der Zwischenzeit den Pak Choi und den Wirsing putzen. Dabei den Strunk des Wirsings herausschneiden und beide Gemüse in ein- zelne Blätter zerteilen. Diese waschen und in etwa 2 cm breite Streifen schneiden.

5. Die Topinambur abgie- ßen, etwas abkühlen lassen, schälen und in dünne Schei- ben schneiden.

6. Etwa 4 Eßlöffel Butter in einer Pfanne zerlassen. Die Pak Choi- und die Wirsing- streifen darin einige Minuten zugedeckt dünsten. Die Topinambursscheiben dazu- geben und kurze Zeit mitbra- ten. Das Gemüse mit Salz und Pfeffer abschmecken und aus der Pfanne nehmen.

7. Die Eier zusammen mit der Milch verquirlen. In 2 Pfan- nen jeweils 1 Eßlöffel Butter zerlassen und die Eiermi- schung darin verteilen. Die Topinambur-Gemüse-Mi- schung sofort dazugeben. Die beiden Omeletts bei mittlerer Hitze auf einer Seite so lange backen, bis die Masse stockt. Die Omeletts dann heraus- nehmen, jedes in 2 Hälften teilen und servieren, die Sauce separat dazu reichen.

TIP

- *Die scharfe Chilisauce erhal- ten Sie in Asienläden oder in gut sortierten Lebensmittel- abteilungen von Kaufhäusern.*

Gemüserösti

- *Für 4 Personen*
- *Zubereitung: ca. 35 Min.*
- *ca. 270 kcal je Portion*
- *Dazu paßt Fleisch*

ZUTATEN

500 g Topinamburs
1 Rettich
200 g Pastinaken (ersatz-
  weise Petersilienwurzeln)
60 g Haselnußkerne
1 Zwiebel
2 Knoblauchzehen
1 Bund glatte Petersilie
2 EL Öl
Salz
schwarzer Pfeffer
geriebene Muskatnuß

1. Die Topinamburs waschen und in reichlich Salzwasser in 15 bis 20 Minuten bißfest garen. Sie dann aus dem Topf herausnehmen, abkühlen lassen und schälen.

2. Den Rettich und die Pastinaken putzen, schälen und waschen. Topinamburs, Rettich und Pastinaken grob raspeln, die Nüsse fein hacken. Alles in einer Schüssel miteinander vermischen.

3. Die Zwiebel und den Knoblauch schälen und fein hacken. Die Petersilie verlesen, waschen und trockentupfen. Die Blätter abzupfen und fein hacken.

4. Das Öl in einer Pfanne erhitzen. Die Zwiebel- und die Knoblauchstückchen sowie die Petersilie darin andünsten.

5. Die Gemüse-Nuß-Mischung dazugeben und das Ganze mit Salz, Pfeffer und 1 Prise Muskatnuß würzen. Die Rösti zugedeckt 10 bis 15 Minuten bei mittlerer Hitze braten, dann wenden und nochmals etwa 10 Minuten offen knusprig braten. Die Rösti in 4 Portionen teilen und sofort servieren.

RÖSTI

Die Schweizer Spezialität wird im Original nur aus Kartoffeln hergestellt. In bäuerlichen Familien des 19. Jahrhunderts wurde diese einfache Mahlzeit bereits zum Frühstück gegessen und verdrängte die zuvor üblichen Brei- und Milchspeisen. Zum Essen wurde die Schüssel mit goldgelb gebratenen Kartoffeln in die Tischmitte gestellt, und jeder begann, mit dem eigenen Löffel auf seiner Seite davon abzustechen. Dabei war es üblich, den Löffel mit den Rösti in eine große, mit Milchkaffee gefüllte Tasse zu tunken. Der Genuß an der ersten Mahlzeit des Tages wurde dadurch noch gesteigert. Rösti (Röschti) ist ein äußerst beliebtes Gericht, das in zahlreichen köstlichen Variationen zubereitet werden kann und auch zum Mittagessen oder zum Abendbrot schmeckt.

Topinamburs-Lachs-Küchlein

Vorspeise oder Beilage

■ *Für 4 Personen*

■ *Zubereitung: ca. 35 Min.*

■ *ca. 270 kcal je Portion*

ZUTATEN

**1 Stück frische Meerrettich-
  wurzel (ca. 2 cm)**

4 EL saure Sahne

2 EL Zitronensaft

1 TL Senf

Salz

schwarzer Pfeffer

500 g Topinamburs

Salz

schwarzer Pfeffer

4 EL Butter

**4 Tranchen geräucherter
  Lachs**

1. Für die Sauce die Meerret-
tichwurzel putzen, schälen,
waschen und fein raspeln.
Den geraspelten Meerrettich
zusammen mit der sauren
Sahne, dem Zitronensaft und
dem Senf verrühren und das
Ganze mit Salz und Pfeffer abschmecken.

2. Die Topinambur schälen,
waschen und direkt auf ein
Tuch fein raspeln. Sie dann
gut trockentupfen und an-
schließend mit Salz und Pfeffer würzen.

3. Die Butter in einer beschichteten Pfanne zerlassen.
Die Topinambursraspeln
eßlöffelweise in die heiße Butter geben. Die Häufchen

flachdrücken, auf jeder Seite
etwa 5 Minuten zu knuspri-
gen Küchlein braten und
diese warm stellen. Alle
Topinambursraspel auf diese
Weise zu Küchlein backen.

4. Die Lachstranchen der
Länge nach halbieren und die
Hälften zu Rosetten zusam-
menrollen. Auf jedes Küchlein
etwas Sauce geben und darauf die Lachsrosetten setzen.
Die Küchlein sofort servieren.

(auf dem Foto)

Wirsingcornet mit Gerstenfüllung

- *Für 4 Personen*
- *Zubereitung: ca. 1 ½ Std.*
- *ca. 510 kcal je Portion*

Z U T A T E N

Für die Cornets

700 ml Gemüsebrühe
200 g Gerste
900 g Wirsing
2 Stangen Lauch
3 Karotten
1 EL Butter
200 g Hüttenkäse
Salz

Für die Sauce

3 EL Butter
2 EL Mehl
½ l Milch
Salz
weißer Pfeffer
geriebene Muskatnuß

1. Die Brühe in einem Topf aufkochen lassen. Die Gerste dazugeben und zugedeckt bei mittlerer Hitze in etwa 40 Minuten weichkochen.

2. Inzwischen den Wirsing putzen, waschen und in die Blätter zerteilen. 8 große Blätter in siedendem Wasser etwa 3 Minuten blanchieren, abschrecken und gut abtropfen lassen.

3. Den restlichen Wirsing in Streifen schneiden. Den Lauch putzen, waschen und in Ringe schneiden, die Karotten putzen, schälen, waschen und stifteln.

4. Sobald die Gerste weich gekocht ist, die Butter in einem Topf zerlassen. Wirsingstreifen, Lauchringe und Karottenstifte dazugeben und etwa 5 Minuten zugedeckt darin dünsten. Die Gerste und den Hüttenkäse hinzufügen. Alles gut vermischen, kurz aufkochen lassen und salzen.

5. Die Mittelrippen der blanchierten Wirsingblätter bis zur Hälfte herausschneiden und die Blätter zu kleinen Tüten (Cornets) drehen. Diese mit der Gersten-Gemüse-Mischung füllen.

6. Für die Sauce die Butter in einem Topf zerlassen, das Mehl dazugeben und unter Rühren anschwitzen. Den Topf vom Herd nehmen und die kalte Milch angießen. Die Sauce so lange rühren, bis sie glatt und klümpchenfrei gebunden ist. Die Sauce erneut auf den Herd stellen und bei kleiner Hitze etwa 10 Minuten zugedeckt köcheln lassen. Sie dann mit Salz, Pfeffer und 1 Prise Muskatnuß abschmecken.

7. Die Cornets in die Sauce legen und zugedeckt etwa 10 Minuten bei kleiner Hitze sanft köcheln lassen.

- *Überschüssige Füllung können Sie separat zu den Cornets servieren.*
- *Wenn Sie die Cornets als Vorspeise servieren, reicht die Zutatenmenge für 8 Portionen.*

Mangoldrouladen

- *Für 4 Personen*
- *Zubereitung: ca. 1 Std.*
- *ca. 670 kcal je Portion*

Z U T A T E N

8 große Stangen Mangold
  (ca. 1 kg)
Salz
200 g Schafskäse (z. B. Feta)
6 Scheiben Toastbrot
2 Knoblauchzehen
60 g Butter
2 Eier
200 g süße Sahne
schwarzer Pfeffer
4 EL kaltgepreßtes Olivenöl
200 ml Gemüsebrühe
100 ml Weißwein
abgeriebene Schale von
  ¹/₂ Zitrone

1. Den Mangold putzen und waschen, dabei die Stiele abschneiden. Die Mittelrippen der Blätter etwas flachschneiden.

2. Die Mangoldblätter in reichlich Salzwasser kurz blanchieren. Sie mit einem Schaumlöffel vorsichtig herausheben, abschrecken und gründlich trockentupfen.

3. Den Schafskäse und die Brotscheiben fein würfeln. Den Knoblauch schälen.

4. Die Butter in einer Pfanne erhitzen. Die Brotwürfel darin unter Rühren goldbraun rösten. Den Knoblauch durch eine Knoblauchpresse zu den Brotwürfeln drücken und alles miteinander vermischen. Die Mischung vom Herd nehmen und abkühlen lassen.

5. Für die Füllung die Brotmischung zusammen mit Käsewürfeln, Eiern und 2 Eßlöffeln Sahne gut vermengen. Die Masse mit Pfeffer kräftig abschmecken.

6. Die Füllung als Häufchen auf den Stielansatz der Mangoldblätter setzen und diese zu Rouladen einrollen, dabei die Seiten der Blätter leicht einschlagen.

7. Das Öl in einem Topf erhitzen. Die Brühe zusammen mit dem Wein, der restlichen Sahne sowie der Zitronenschale dazugeben und alles gut verrühren. Das Ganze aufkochen und so lange bei mittlerer Hitze offen köcheln lassen, bis die Sauce etwas eindickt.

8. Die Mangoldrouladen in die Sauce legen und zugedeckt bei kleiner Hitze in etwa 8 Minuten garen. Sie zusammen mit der Sauce anrichten und sofort servieren.

- *Die Mangoldstiele können Sie gut verpackt im Kühlschrank aufbewahren und später als Gemüse zubereiten oder für den lauwarmen Mangoldsalat (Rezept S. 18) verwenden.*

Topinamburs-Stroganoff

■ *Für 4 Personen*
■ *Zubereitung: ca. 45 Min.*
■ *ca. 420 kcal je Portion*

Z U T A T E N

3 EL Essig
350 g Schwarzwurzeln
800 g Topinambur
400 g Karotten
600 g Grünkohl
Salz
3 rote Paprikaschoten
4 Gewürzgurken
1 Zwiebel
2 EL Butter
2 EL edelsüßes Paprika-
    pulver
150 ml Rotwein
150 ml Gemüsebrühe
200 g saure Sahne
schwarzer Pfeffer

1. Den Essig zusammen mit etwa 2 Liter Wasser in einen Topf gießen. Die Schwarzwurzeln unter fließendem Wasser gründlich abbürsten. Sie großzügig schälen, in Stifte schneiden und sofort in das Essigwasser legen, damit sie sich nicht verfärben.

2. Die Topinambur schälen, waschen und würfeln. Die Karotten putzen, schälen, waschen und in Scheiben schneiden. Vom Grünkohl die äußeren welken Blätter und die dicken Blattrippen entfernen. Ihn in die einzelnen Blätter zerteilen, diese waschen und in Streifen schneiden.

3. Die Topinambur zusammen mit Schwarzwurzeln, Karotten und Grünkohl in einen Topf geben. Das Gemüse mit Salzwasser bedecken und in etwa 15 Minuten zugedeckt gar kochen. Es vom Herd nehmen.

4. Inzwischen die Paprikaschoten putzen, waschen, halbieren, entkernen und würfeln. Die Gewürzgurken in Scheiben schneiden. Die Zwiebel schälen und fein hacken.

5. Für die Sauce die Butter in einer Pfanne erhitzen und die Zwiebelstückchen darin andünsten. Die Paprikawürfel und Gurkenscheiben dazugeben und alles zugedeckt bei kleiner Hitze etwa 5 Minuten gut durchdünsten.

6. Die Paprikamischung mit Paprikapulver bestäuben, wenden und mit dem Rotwein sowie der Brühe ablöschen. Das Ganze nochmals etwa 5 Minuten offen köcheln lassen und anschließend mit der sauren Sahne verfeinern.

7. Die Sauce aufkochen lassen. Die Topinamburs-mischung dazugeben und gegebenenfalls darin heiß werden lassen. Das Stroganoff mit Salz und Pfeffer abschmecken und sofort servieren.

■ *Wenn Sie die Schwarzwurzeln verarbeiten, sollten Sie unbedingt Gummihandschuhe tragen, da die Wurzeln beim Putzen einen klebrigen, fest haftenden Saft abgeben.*

Lauwarme Schwarzwurzeln mit Kalbsbries

cremig

- *Für 4 Personen*
- *Zubereitung: ca. 45 Min.*
- *ca. 240 kcal je Portion*

Z U T A T E N

Für das Gemüse
4 EL Essig
600 g Schwarzwurzeln
4 EL Butter
150 g Kalbsbries
Salz
1 Eigelb
5 EL Semmelbrösel

Für die Sauce
150 g Magerquark
1 Eigelb
2 TL mittelscharfer Senf
1 EL Weißweinessig
Salz
schwarzer Pfeffer
Cayennepfeffer

Für die Garnitur
2 EL Schnittlauchröllchen

1. Den Essig zusammen mit 3 Liter Wasser in einen großen Topf gießen. Die Schwarzwurzeln unter fließendem, kaltem Wasser gründlich abbürsten, putzen und großzügig schälen. Die Schwarzwurzeln in mundgerechte, etwa 2 cm lange Stücke schneiden und diese sofort in das Essigwasser legen, damit sie sich nicht verfärben.

2. Von der Butter 2 Eßlöffel in einem Topf zerlassen. Die Schwarzwurzelstücke tropfnaß dazugeben und in der heißen Butter zugedeckt bei mittlerer Hitze in etwa 20 Minuten bißfest garen.

3. In der Zwischenzeit für die Sauce den Magerquark zusammen mit Eigelb, Senf und Weißweinessig gut verrühren. Die Sauce mit Salz, Pfeffer und 1 Prise Cayennepfeffer kräftig abschmecken.

4. Das Kalbsbries in siedendem Wasser etwa 5 Minuten offen kochen. Es kalt abschrecken, häuten, von Unreinheiten befreien, in kleine Stücke schneiden und mit Salz würzen.

5. Das Eigelb verquirlen. Die Briesstücke zuerst im Eigelb und anschließend in den Semmelbröseln wenden. Die restlichen 2 Eßlöffel Butter in einem Topf zerlassen und die Briesstücke darin bei mittlerer Hitze etwa 4 Minuten braten.

6. Die Schwarzwurzeln auf 4 Tellern anrichten. Die Sauce darübergeben und die Briesstücke darauf legen. Das Ganze mit Schnittlauchröllchen garnieren und sofort servieren.

(auf dem Foto)

TIP

- *Sie können größere Mengen Schwarzwurzeln auch auf Vorrat putzen und schälen und sie dann bis zu 6 Monate einfrieren. In diesem Fall sollten Sie die Wurzeln nur etwa 10 Minuten kochen, dann in Eiswasser abschrecken, gut abtropfen lassen und portionsweise (à etwa 1 kg) einfrieren. Die Schwarzwurzeln können unaufgetaut gekocht werden.*

Putenbrust mit Rettich-Gurken-Sauce

- *Für 4 Personen*
- *Zubereitung: ca. 25 Min.*
- *ca. 180 kcal je Portion*

ZUTATEN

1 Rettich
1 Salatgurke
150 g Magerquark
1 EL mittelscharfer Senf
1 Eigelb
2 EL Essig
3-4 EL gehackter Dill
Salz
schwarzer Pfeffer
abgeriebene Schale von
** 1 Zitrone**
300 g Putenbrust
ca. 100 g Maiskörner
** (aus der Dose)**

1. Für die Sauce den Rettich putzen, waschen, schälen und halbieren. Die Gurke schälen und halbieren. Je 1 Rettich- und Gurkenhälfte in Scheiben schneiden. Diese zusammen mit Quark, Senf, Eigelb und Essig in einem Mixgerät oder mit dem Pürierstab eines Handrührgeräts fein pürieren.

2. Den Dill unter die Rettich-Gurken-Sauce heben und das Ganze mit Salz, Pfeffer und Zitronenschale würzen.

3. Die Putenbrust gegebenenfalls von Haut- und Sehnenresten befreien, unter fließendem Wasser waschen und trockentupfen.

4. Das Fleisch in siedendem Salzwasser etwa 10 Minuten bei kleiner Hitze zugedeckt ziehen lassen. Es dann herausnehmen und mundgerecht würfeln.

5. Die Maiskörner abtropfen lassen. Die restliche Gurkenhälfte in Würfel schneiden, die übrige Rettichhälfte sehr fein hobeln. Maiskörner und Rettichscheiben sowie Gurken- und Geflügelwürfel in die Sauce geben und alles gut miteinander vermengen. Das Ganze auf 4 Tellern anrichten und sofort servieren.

Hühnerbrüstchen mit Lattichpesto

für Gäste

- *Für 4 Personen*
- *Zubereitung: ca. 25 Min.*
- *ca. 390 kcal je Portion*

ZUTATEN

Für die Hühnerbrüstchen
¹/₂ l Hühnerbrühe
600 g Hühnerbrust

Für das Pesto
120 g Lattich
3 Knoblauchzehen
70 g Sonnenblumenkerne
schwarzer Pfeffer

Für die Garnitur
60 g Parmesan am Stück

1. Die Hühnerbrühe in einem Topf aufkochen lassen. Das Hühnerfleisch in die Brühe geben und darin etwa 15 Minuten zugedeckt bei kleiner Hitze ziehen lassen.

2. Inzwischen für die Sauce den Lattich putzen, waschen und in feine Streifen schneiden. Den Knoblauch schälen. Etwa 100 ml von der heißen Hühnerbrühe abnehmen und etwas abkühlen lassen.

3. Die Lattichstreifen zusammen mit den Sonnenblumenkernen und dem Knoblauch am besten in einer Küchenmaschine sehr fein hacken. Das Ganze mit der beiseite gestellten, leicht abgekühlten Brühe gründlich vermengen. Die Sauce mit Pfeffer würzen.

4. Das Fleisch aus der Brühe nehmen, etwas abkühlen lassen und in dünne Scheiben schneiden. Diese auf 4 Tellern anrichten und mit etwas Sauce begießen.

5. Zuletzt mit einem Sparschäler vom Parmesan dünne Locken abhobeln. Diese über die Sauce streuen und das Gericht sofort servieren.

TIP

- *Sie können die Hühnerbrüstchen mit Pesto auch auf Lattichblättern anrichten.*

PESTO

Die würzige, charakteristisch grüne Urform dieser dicken Sauce besteht aus Basilikum, Pinienkernen, Knoblauch, Parmesan und Olivenöl. Das Originalrezept kann jedoch – wie etwa im nebenstehenden Rezept – köstlich und variantenreich abgeändert werden. So verwendet man anstelle von Basilikum auch glatte Petersilie, oder man ersetzt die Pinienkerne durch geröstete Sesamsamen. Anstelle von Olivenöl ist es auch möglich, Pesto mit Gemüse- oder Fleischbrühe zuzubereiten. Die appetitliche grüne Farbe erhält man beispielsweise auch durch das dunkle Grün von Lauch.

Zitronen-Kräuter-Risotto mit Kürbis

■ *Für 4 Personen*
■ *Zubereitung: ca. 35 Min.*
■ *ca. 490 kcal je Portion*

ZUTATEN

400 g Kürbis, 1 Zwiebel
1 EL Öl
300 g Risottoreis
100 ml Weißwein
900 ml Gemüsebrühe
5 EL Zitronensaft
100 g geriebener Parmesan

1. Den Kürbis schälen, von dem weichen Faserteil sowie den Kernen befreien und das feste Fruchtfleisch in Würfel schneiden. Die Zwiebel schälen und fein hacken.

2. Das Öl in einem Topf erhitzen. Die Zwiebel kurz darin andünsten, den Reis dazugeben und kurz mitdünsten. Das Ganze mit dem Wein und der Brühe ablöschen und zugedeckt bei mittlerer Hitze etwa 10 Minuten köcheln lassen, dabei gelegentlich umrühren.

3. Dann die Kürbiswürfel dazugeben und den Risotto nochmals etwa 7 Minuten zugedeckt köcheln lassen. Den Risotto mit dem Zitronensaft abschmecken, auf 4 Tellern anrichten und sofort servieren. Den Käse zum Bestreuen separat dazu reichen.

Rote-Bete-Risotto

■ *Für 4 Personen*
■ *Zubereitung: ca. 35 Min.*
■ *ca. 360 kcal je Portion*

ZUTATEN

1 Zwiebel
2 EL Butter
200 g Risottoreis
900 ml Gemüsebrühe
400 g rohe rote Beten
4 EL gehackte glatte Petersilie
100 g süße Sahne
Salz
schwarzer Pfeffer

1. Die Zwiebel schälen und fein hacken. Die Butter in einem Topf erhitzen und die Zwiebelstücke darin andünsten. Den Reis dazugeben und etwa 3 Minuten dünsten. Das Ganze mit der Gemüsebrühe ablöschen.

2. Die roten Beten schälen und mit einer Küchenreibe direkt in den Reis reiben. Den Risotto etwa 25 Minuten zugedeckt bei mittlerer Hitze köcheln lassen, dabei ab und zu umrühren. Eventuell noch wenig Flüssigkeit dazugeben.

3. Danach die Petersilie sowie die Sahne unter den Risotto ziehen. Das Gericht mit Salz und Pfeffer abschmecken, auf 4 Tellern anrichten und sofort servieren.

TIP

■ *Verwenden Sie für Risotto am besten die Rundkornreissorten Arborio oder Vialone.*

Wildgeschnetzeltes mit Wildreis und Wirsing

- *Für 4 Personen*
- *Zubereitung: ca. 40 Min.*
- *ca. 470 kcal je Portion*

ZUTATEN

300 ml Fleischbrühe
100 g Wildreis
**600 g Reh- oder Hirsch-
  schnitzel**
400 g Wirsing
200 g Karotten
2 EL Öl
1 EL Zucker
2 EL Essig
100 ml Weißwein
150 g Hüttenkäse
Salz
schwarzer Pfeffer
1 TL Kümmel

1. Die Brühe in einem Topf aufkochen. Den Reis dazugeben und zugedeckt bei kleiner Hitze etwa 20 Minuten ausquellen lassen.

2. Inzwischen das Fleisch in Streifen schneiden. Den Wirsing putzen, waschen und vierteln. Den Strunk herausschneiden, die Viertel zerkleinern. Die Karotten putzen, schälen, waschen und in dünne Scheiben schneiden.

3. Das Öl in einer Pfanne erhitzen. Karotten und Wirsing etwa 5 Minuten darin dünsten und wieder herausnehmen. Dann die Fleischstreifen dazugeben, kräftig anbraten und wieder herausnehmen.

4. Den Zucker in den Bratfond geben und so lange darin erhitzen, bis er karamelisiert. Das Ganze mit Essig und Wein ablöschen. Die Sauce so lange köcheln lassen, bis sich der karamelisierte Zucker aufgelöst hat.

5. Dann das Fleisch zusammen mit dem Hüttenkäse und dem Gemüse hinzufügen. Das Ganze mit Salz, Pfeffer und Kümmel würzen. Zuletzt den gekochten Reis beifügen. Alles gut vermischen, aufkochen lassen und servieren.

(auf dem Foto)

Pizokel (Bündner Spätzle)

- *Für 4 Personen*
- *Zubereitungt: ca. 1 Std.*
  (plus ca. 1 Std. Ruhezeit)
- *ca. 520 kcal je Portion*

ZUTATEN

Für den Teig
1 Ei
90 g Buchweizenmehl
90 g Vollkornmehl
Salz

Für das Gemüse
300 g Mangold
200 g Zuckerschoten
200 g Weißkohl
150 g Topinamburs
200 ml Gemüsebrühe

Außerdem
1 Knoblauchzehe
einige Salbeiblätter
5 EL Butter
200 g frisch geriebener
  Gruyère

1. Für den Teig das Ei, beide Mehlsorten sowie 2 Prisen Salz in eine Schüssel geben und das Ganze zusammen mit 100 ml Wasser zu einem zähflüssigen Spätzleteig verrühren. Den Teig zugedeckt etwa 1 Stunde ruhen lassen.

2. Inzwischen den Mangold zusammen mit dem Grün putzen und waschen. Die Stiele abschneiden und zusammen mit dem Grün in etwa 3 cm breite Streifen schneiden. Die Zuckerschoten waschen und die Enden abschneiden.

3. Vom Weißkohl gegebenenfalls die äußeren welken Blätter entfernen. Ihn vierteln, waschen und den Strunk herausschneiden. Die Kohlviertel in Streifen schneiden. Die Topinamburs schälen, waschen und würfeln.

4. Die Brühe in einem großen Topf aufkochen lassen. Zuckerschoten, Mangold- und Kohlstreifen sowie Topinamburswürfel dazugeben und das Gemüse zugedeckt bei mittlerer Hitze in etwa 15 Minuten bißfest garen.

5. Den Knoblauch schälen und fein hacken. Die Salbeiblätter waschen, trockentupfen und fein schneiden.

6. Für die Pizokel reichlich Wasser in einem großen Topf aufkochen. Den Teig durch ein Spätzlesieb in das siedende Wasser gleiten lassen. Die Pizokel etwa 5 Minuten köcheln lassen. Sie dann mit einem Schaumlöffel herausheben und abtropfen lassen.

7. In einem großen Topf die Butter zerlassen. Knoblauch und Salbei dazugeben und kurz dünsten. Dann die Pizokel sowie das Gemüse hinzufügen und alles miteinander vermengen. Das Ganze nochmals erhitzen und dann auf einer Platte anrichten. Den Käse darüberstreuen.

- *Mit den Pizokel servieren Sie eine traditionelle Schweizer Spezialität aus Graubünden.*
- *Den Gemüsesud können Sie als Basis für eine vitaminreiche Sauce weiterverarbeiten.*

Safran-Nudeln mit Erbsen

- *Für 4 Personen*
- *Zubereitung: ca. 35 Min.*
- *ca. 840 kcal je Portion*

Z U T A T E N

500 g Erbsen

250 g Zuckerschoten

4 EL Butter

50 ml Gemüsebrühe

100 ml Weißwein

2 Briefchen Safran (à 0,2 g)

600 g Nudeln

100 g roher Schinken am Stück

Salz

schwarzer Pfeffer

3 EL grob gehackte, glatte Petersilie

3 EL grob geschnittenes Basilikum

50 g geriebener Parmesan

1. Die Erbsen aus den Hülsen puhlen. Die Zuckerschoten waschen und die Enden abschneiden.

2. Inzwischen 3 Eßlöffel Butter in einer Pfanne zerlassen. Die Erbsen zusammen mit den Zuckerschoten dazugeben und kurz darin dünsten. Das Gemüse dann mit der Gemüsebrühe und dem Weißwein ablöschen. Das Ganze zugedeckt bei mittlerer Hitze in etwa 10 Minuten biß-fest garen.

3. In einem großen Topf 4 Liter Wasser zusammen mit dem Safran aufkochen lassen. Die Nudeln in das siedende Safranwasser geben und nach Packungsanleitung al dente (bißfest) garen.

4. Inzwischen den Schinken in Streifen schneiden. Den restlichen Eßlöffel Butter in einer Pfanne erhitzen und die Schinkenstreifen in der heißen Butter kurz braten.

5. Die Nudeln abgießen und zum Gemüse geben. Das Ganze gut vermengen und nochmals erhitzen. Die Nu-del-Gemüse-Mischung mit Salz und Pfeffer abschmek-ken. Dann den Schinken und

die Kräuter dazugeben und gründlich untermischen.

6. Die Safran-Nudeln auf 4 Tellern anrichten und sofort servieren. Den Parmesan zum Bestreuen getrennt dazu reichen.

SAFRAN

Safran wird aus der gleich-namigen, zur Gattung der Schwertliliengewächse gehörenden Krokuspflanze gewonnen. Von den Blüten erntet man die hellorange-farbenen Narben und den Teil des Griffels, der sich beim Herausziehen mit ihnen löst. Nach dem Trocknen erhält man das „teuerste Gewürz" der Welt. Im Handel erhält-lich sind Safranfäden oder Safranpulver, die gerne zum Färben von Reisgerichten und Desserts verwendet werden und ihnen einen charakteri-stischen Geschmack verlei-hen. Safran wird im Mittel-meerraum angebaut und auf einer relativ kleinen Fläche als Kuriosität im Schweizer Kanton Wallis.

Tagliatelle sedano

italienisch

■ *Für 4 Personen*
■ *Zubereitung: ca. 25 Min.*
■ *ca. 670 kcal je Portion*

ZUTATEN

**1 Apfel (z. B. Golden
Delicious)**
700 g Staudensellerie
1 EL Butter
100 ml Gemüsebrühe
Salz
schwarzer Pfeffer
**500 g Tagliatelle (Band-
nudeln)**
150 g süße Sahne
70 g geriebener Parmesan

1. Den Apfel schälen, halbieren, vom Kerngehäuse befrei-
en und in dünne Scheiben
schneiden. Den Sellerie putzen, waschen und zusammen
mit dem Grün fein hacken.

2. Die Butter in einer Pfanne
zerlassen und den Sellerie
darin dünsten. Das Ganze mit
der Brühe ablöschen. Die Ap-
felstücke dazugeben und die
Sauce mit Salz und Pfeffer
würzen. Sie bei kleiner Hitze
zugedeckt etwa 15 Minuten
sanft köcheln lassen.

3. Inzwischen die Nudeln
nach Packungsanleitung in
reichlich Salzwasser al dente
(bißfest) garen.

4. Die Sahne zur Sauce
gießen und diese nochmals
aufkochen lassen. Dann den
Parmesan unterrühren.

5. Die Nudeln abgießen und
zusammen mit der Sauce
vermischen. Das Ganze auf
4 Tellern anrichten und
servieren.

(auf dem Foto)

TIP

■ *Wenn Sie den Sellerie etwas
gröber schneiden, kann das
Gericht auch als Beilage
zu Fleischgerichten serviert
werden.*

Orecchiette mit Raukesauce

- *Für 4 Personen*
- *Zubereitung: ca. 25 Min.*
- *ca. 670 kcal. je Portion*

ZUTATEN

3 große Fleischtomaten
250 g Rauke (Rucola)
1 Zwiebel
1 Knoblauchzehe
100 g roher Schinken
3 EL kaltgepreßtes Olivenöl
Salz
schwarzer Pfeffer
**500 g Orecchiette (ersatz-
  weise andere Nudeln)**
100 g geriebener Parmesan

1. Die Tomaten über Kreuz einritzen, etwa 15 Sekunden überbrühen, abschrecken und enthäuten. Sie von den Stielansätzen befreien und in Würfel schneiden.

2. Die Rauke putzen, waschen und sehr grob hacken. Die Zwiebel und den Knoblauch schälen und fein hacken. Den Schinken in schmale Streifen schneiden.

3. Das Olivenöl in einer Pfanne erhitzen. Die Zwiebel- und die Knoblauchstückchen darin andünsten. Dann die Schinkenstreifen und die Tomatenwürfel dazugeben. Das Ganze mit Salz und Pfeffer würzen und etwa 5 Minuten zugedeckt bei kleiner Hitze köcheln lassen.

4. In der Zwischenzeit die Orecchiette in reichlich kochendes Salzwasser geben und nach Packungsanleitung al dente (bißfest) garen.

5. Die Raukestreifen in die Tomatensauce geben und diese nochmals zugedeckt kurz köcheln lassen.

6. Die Orecchiette in ein Sieb abgießen und gut abtropfen lassen. Sie in eine Schüssel geben und zusammen mit der Tomatensauce vermischen. Das Gericht sofort servieren, dabei den Parmesan zum Bestreuen getrennt dazu reichen.

RAUKE

Der auch unter dem italienischen Namen Rucola bekannte Salat erfreut sich bei uns wachsender Beliebtheit. Die festen, dunkelgrünen Raukeblätter gleichen vom Aussehen den Löwenzahnblättern. Durch ihren hohen Gehalt an ätherischen Ölen schmecken sie würzig-nussig bis scharf und erinnern leicht an Knoblauch. Rauke findet in Salaten oder als würzige Beigabe in Saucen und Suppen oder Teigwaren Verwendung und kann beispielsweise mit Portulak oder Kresse vermischt, aber auch mit Tomatensalat kombiniert werden. Oder man dünstet die Blätter etwa fünf Minuten und genießt sie als Gemüse. Im Handel ist Rauke von April bis September frisch erhältlich. Da die Blätter schnell welken, sollte Rauke immer rasch verbraucht werden.

Lachsforellenfilets mit Petersilienwurzeln

raffiniert

- *Für 4 Personen*
- *Zubereitung: ca. 45 Min.*
- *ca. 500 kcal je Portion*

ZUTATEN

**500 g Petersilienwurzeln
mit dem Grün
2 Schalotten
2 EL Butter
200 ml Weißwein
Salz
schwarzer Pfeffer
1 TL Zucker
800 g Lachsforellenfilets
ohne Haut
200 g saure Sahne**

1. Die Petersilienwurzeln zusammen mit dem Grün putzen und waschen. Die Wurzeln schälen, waschen, trockentupfen und in etwa 4 cm lange, dünne Stifte schneiden. Das Grün kleinschneiden und beiseite legen.

2. Die Schalotten schälen und fein hacken. Die Butter in einer Pfanne zerlassen und die Schalottenstücke kurz darin dünsten.

3. Die Petersilienwurzeln zu den Schalotten geben und ebenfalls kurz dünsten. Das Gemüse mit dem Weißwein ablöschen und das Ganze mit Salz, Pfeffer und Zucker würzen. Das Petersilienwurzelgemüse etwa 5 Minuten zugedeckt bei kleiner Hitze sanft köcheln lassen.

4. Die Forellenfilets unter fließendem, kaltem Wasser waschen und trockentupfen. Sie auf das Gemüse legen und in etwa 10 Minuten zugedeckt bei mittlerer Hitze garen, die Filets dabei nach etwa 5 Minuten wenden. Die gegarten Filets aus der Pfanne nehmen und warm stellen.

5. Die saure Sahne zu den Petersilienwurzeln geben und das Ganze offen bei starker Hitze kurz aufkochen lassen.

6. Das Gemüse zusammen mit der Sauce auf 4 Teller verteilen und die Lachsforellenfilets darauf anrichten. Das Ganze mit dem Grün der Petersilienwurzeln bestreuen und sofort servieren.

(auf dem Foto)

TIPS

- *Wenn Sie bei einem Essen für Gäste Zeit sparen möchten, dann bereiten Sie das Gemüse einfach bereits ein paar Stunden im voraus zu. Garen Sie den Fisch aber erst vor dem Servieren wie im Rezept beschrieben auf dem Gemüse. Geben Sie anschließend die saure Sahne dazu.*
- *Sie können dieses Gericht auch variieren und anstelle der Petersilienwurzeln die gleiche Menge Pastinaken zubereiten.*

Zanderfilets mit Paprikagurken

- *Für 4 Personen*
- *Zubereitung: ca. 20 Min.*
- *ca. 520 kcal je Portion*
- *Dazu passen Kartoffeln oder Reis*

ZUTATEN

600-800 g Zanderfilet (ersatzweise andere feste Fischfilets, z. B. Kabeljau)
2 EL Zitronensaft
weißer Pfeffer
2 Zwiebeln
1 Salatgurke
100 g Speck
3 TL edelsüßes Paprikapulver
200 g süße Sahne
1 Bund gehackter Dill

1. Die Fischfilets unter fließendem, kaltem Wasser waschen und trockentupfen. Sie mit dem Zitronensaft beträufeln und mit Pfeffer aus der Mühle würzen.

2. Die Zwiebeln schälen und fein hacken. Die Gurke schälen, längs halbieren und mit Hilfe eines Löffels entkernen. Die Gurkenhälften in dünne Scheiben schneiden.

3. Den Speck fein würfeln und ohne Fettzugabe in einer Pfanne braten. Die Zwiebelstücke dazugeben und glasig dünsten. Das Ganze gründlich miteinander vermengen und mit Paprikapulver würzen.

4. Die Sahne zur Speck-Zwiebel-Mischung gießen und alles aufkochen lassen. Die Gurkenscheiben dazugeben, den Dill daruntermischen und die Sauce 3 bis 5 Minuten bei kleiner Hitze zugedeckt köcheln lassen.

5. Die Fischfilets in die Gurken-Sahne-Sauce legen und in etwa 10 Minuten zugedeckt bei kleiner Hitze sanft garen.

6. Die Fischfilets auf 4 Tellern anrichten, mit der Gurkensauce begießen und servieren.

Fisch-Wirsing-Ragout mit Senfkörnersauce

- *Für 4 Personen*
- *Zubereitung: ca. 30 Min.*
  (plus ca. 30 Min. Zeit zum
  Einweichen)
- *ca. 500 kcal je Portion*
- *Dazu passen Kartoffeln oder*
  Reis

Z U T A T E N

**2 EL getrocknete Herbst-
trompeten**

**600 g feste Fischfilets
(z. B. Kabeljau oder
Dorsch)**

400 g Wirsing

2 EL gelbe Senfkörner

2 EL Butter

150 ml Weißwein

**200 ml Noilly Prat
(trockener Wermut)**

200 g süße Sahne

1 EL milder Senf

Salz

weißer Pfeffer

1. Die Herbsttrompeten in eine Schüssel geben, mit warmem Wasser begießen und darin etwa 30 Minuten einweichen.

2. Die Fischfilets unter fließendem, kaltem Wasser waschen, trockentupfen und in etwa 3 cm große mundgerechte Würfel schneiden.

3. Den Wirsing gegebenenfalls von den äußeren welken Blättern befreien, putzen und waschen. Ihn vierteln und dabei den Strunk herausschneiden. Die Wirsingviertel in etwa $1/2$ cm schmale Streifen schneiden.

4. Die Senfkörner in einem Mörser grob zerstoßen. Die Pilze in ein Sieb abgießen, unter fließendem Wasser gründlich waschen und mit Küchenkrepp trockentupfen.

5. Die Butter in einer Pfanne zerlassen und die Pilze kurz darin dünsten. Die Wirsingstreifen dazugeben und andünsten. Das Ganze mit Wein ablöschen und zugedeckt bei kleiner Hitze etwa 5 Minuten köcheln lassen.

6. Den Noilly Prat und die Senfkörner dazugeben und alles aufkochen lassen. Die Sahne dazugießen und unterrühren. Die Sauce mit Senf, Salz und Pfeffer würzen und nochmals aufkochen lassen.

7. Die Fischwürfel auf das Gemüse legen und alles zugedeckt bei kleiner Hitze etwa 3 Minuten sanft köcheln lassen. Das Gericht mit Salz und Pfeffer abschmecken und sofort servieren.

- *Setzen Sie dem Wasser zum Waschen der Wirsingblätter ein paar Spritzer Essig zu, dann lösen sich eventuell anhaftende Insekten besser von den Blättern ab.*
- *Anstelle der fast schwarzen, getrockneten Herbsttrompeten können Sie auch 250 g frische Herbsttrompeten oder braune Champignons verwenden.*

Lauch-Gemüse-Cannelloni

vegetarisch

- *Für 4 Personen*
- *Zubereitung: ca. 40 Min.*
- *ca. 490 kcal je Portion*

Z U T A T E N

180 g Petersilienwurzeln
400 g Kürbis
2 sehr dicke Stangen Lauch
1 Stück Ingwerwurzel
(ca. 2 cm)
2 EL Butter
1 EL Mehl
360 g saure Sahne
Salz
schwarzer Pfeffer
150 g geriebener Gruyère

1. Die Petersilienwurzeln putzen, schälen und waschen. Den Kürbis schälen und von dem weichen Faserteil sowie den Kernen befreien. Das Kürbisfleisch kleinschneiden.

2. Die Lauchstangen gründlich putzen und waschen, dabei jeweils den unteren, hellen Teil etwa 8 cm lang abschneiden. Von diesen beiden Stücken die einzelnen Schichten sorgfältig auseinanderziehen und voneinander trennen. Die 8 dicksten Lauchhüllen beiseite legen.

3. Den restlichen Lauch zusammen mit den Petersilienwurzeln sowie den Kürbisstücken am besten mit Hilfe einer Küchenmaschine sehr fein hacken.

4. Den Backofen auf 200 °C vorheizen. Den Ingwer schälen und fein reiben.

5. Die Butter in einem Topf zerlassen. Die Petersilienwurzel-Lauch-Kürbis-Mischung dazugeben und das Ganze kurz darin andünsten. Das Mehl darüberstäuben, alles gut wenden und mit der Sahne ablöschen. Das Gemüse mit Ingwer, Salz und Pfeffer würzen.

6. Die Lauchhüllen mit der Gemüsemischung satt füllen. Das restliche Gemüse in eine Gratinform geben, die Lauchcannelloni darauf setzen und mit dem Käse bestreuen. Das Ganze auf der mittleren Schiene etwa 15 Minuten gratinieren.

(auf dem Foto)

TIPS

- *Anstelle der Petersilienwurzeln können Sie ebensogut die gleiche Menge Pastinaken verwenden.*
- *Achten Sie bei Einkauf von frischem Ingwer darauf, daß die Schale nicht ausgetrocknet und das Fleisch fest ist. Wenn Sie Ingwer hacken, sollten Sie ihn nach dem Schälen zerdrücken und zerfasern, so läßt er sich leichter verarbeiten.*
- *Ingwer läßt sich auch gut einfrieren. Sie können also auf Vorrat eine größere Wurzelknolle mit einem scharfen Messer schälen, sie dann fein reiben und fest verschlossen einfrieren. Tiefgekühlt ist der so vorbereitete Ingwer einige Wochen haltbar.*

Lattichrouladen

gefüllt

- *Für 4 Personen*
- *Zubereitung: ca. 35 Min.*
- *ca. 440 kcal je Portion*

Z U T A T E N

250 g Langkornreis
200 ml Weißwein
Salz
800 g Lattich
1 Ei
100 ml Gemüsebrühe
100 g Sahne
50 g geriebener Gruyère

1. Den Reis in einem Sieb unter fließendem, kaltem Wasser spülen. Den Wein zusammen mit 300 ml Wasser in einem Topf aufkochen. Den Sud leicht salzen, den Reis dazugeben und bei kleiner Hitze zugedeckt etwa 20 Minuten quellen lassen.

2. Den Lattich putzen, in die einzelnen Blätter zerteilen und waschen. 8 große Blätter beiseite legen, den restlichen Lattich in etwa 2 cm breite Streifen schneiden.

3. Den Backofen auf 220 °C vorheizen. Die 8 Blätter im Salzwasser kurz blanchieren, wieder herausheben und trockentupfen. Die dicken Blattrippen mit einer Holzkelle flachdrücken. Das Ei verquirlen und zusammen mit dem fertig gegarten Reis gut vermengen. Die Reismasse auf den Lattichblättern verteilen und diese zu Rouladen einrollen.

4. Die Lattichstreifen in einer Gratinform verteilen und die Rouladen darauf legen. Die Brühe zusammen mit der Sahne verrühren und darübergießen. Das Ganze mit Käse bestreuen und auf der mittleren Schiene etwa 15 Minuten überbacken.

Gratinierte Semmelknödel mit Gemüsesauce

- *Für 6-9 Personen*
- *Zubereitung: ca. 50 Min. (plus 20-30 Min. Zeit zum Ziehen)*
- *ca. 790 kcal je Portion*

Z U T A T E N

Für die Knödel

12 Brötchen vom Vortag
(ca. 900 g)
2 Zwiebeln
3 EL Butter
3 EL gehackte glatte
Petersilie
75 g Semmelbrösel
3 Eier
Salz
schwarzer Pfeffer
geriebene Muskatnuß

Für die Sauce

1 Stange Lauch
400 g Herbstrüben oder
Mairüben
300 g Pastinaken
2 EL Butter
150 ml Weißwein
100 ml Gemüsebrühe
250 g Sahne
Salz
schwarzer Pfeffer

Zum Überbacken

150 g Tilsiter in Scheiben

1. Die Brötchen in dünne Scheiben schneiden. Diese in eine Schüssel geben und mit so viel Wasser begießen, daß sie damit bedeckt sind. Die Brötchenscheiben 20 bis 30 Minuten ziehen lassen.

2. Inzwischen die Zwiebeln schälen und fein hacken. Die Butter in einer Pfanne zerlassen und die Zwiebelstücke zusammen mit der Petersilie kurz darin andünsten.

3. Die eingeweichten Brötchen am besten mit Hilfe eines Küchentuchs fest ausdrücken und anschließend mit einer Gabel zerpflücken. Die Zwiebel-Petersilien-Mischung zusammen mit den Semmelbröseln dazugeben.

4. Die Eier verquirlen und ebenfalls zu den Brötchen geben. Das Ganze mit Salz, Pfeffer und Muskatnuß würzen. Es zu einer kompakten Masse vermengen, dabei aber nicht kneten.

5. Für die Sauce den Lauch putzen, waschen und in Ringe schneiden. Rüben und Pastinaken putzen, schälen waschen und würfeln.

5. Die Butter in einem Topf erhitzen und die Lauchringe zusammen mit den Rüben- und Pastinakenwürfeln darin 5 bis 8 Minuten zugedeckt bei kleiner Hitze dünsten. Das Gemüse mit Wein und Brühe ablöschen und zugedeckt etwa 5 Minuten bei kleiner Hitze sanft köcheln lassen.

6. Die Sahne zum Gemüse gießen und die Gemüsesauce erneut etwa 5 Minuten köcheln lassen. Sie mit Salz und Pfeffer würzen und in eine Auflaufform geben.

7. Den Backofen auf 220 °C vorheizen. Mit 2 Eßlöffeln ovale Knödel aus der Brotmasse formen und diese in siedendem Wasser etwa 8 Minuten sanft ziehen lassen. Die Knödel in die Auflaufform zur Sauce geben und mit Käse belegen. Die Knödel auf der mittleren Schiene etwa 15 Minuten überbacken.

Gefüllte Patissons

- *Für 4 Personen*
- *Zubereitung: ca. 50 Min.*
- *ca. 390 kcal je Portion*

Z U T A T E N

**2 Patissons à ca. 750 g
(oder 4 kleine à ca. 400 g)**
$^1/_2$ l Gemüsebrühe
1 Zwiebel
1 Knoblauchzehe
3 EL Butter
3 EL gehackte glatte Petersilie
500 g Rinderhackfleisch
5 EL Rotwein
2 EL Tomatenmark
Salz
schwarzer Pfeffer

1. Die Patissons waschen. An der Oberseite jeweils einen Deckel wegschneiden. Die Kürbisse vorsichtig mit Hilfe eines Löffels wenig aushöhlen, dabei die Kerne entfernen und das ausgehöhlte Fruchtfleisch beiseite stellen.

2. Die Brühe aufkochen lassen. Die Patissons zusammen mit den Deckeln in der siedenden Brühe etwa 10 Minuten zugedeckt ziehen lassen. Sie dann mit einem Schaumlöffel aus dem Sud heben und in eine Gratinform stellen. Anschließend 200 ml Brühe dazugießen.

3. Das Patissonsfleisch in kleine Würfel schneiden. Die Zwiebel und den Knoblauch schälen und fein hacken.

4. Den Backofen auf 220 °C vorheizen. Die Butter in einem Topf zerlassen. Zwiebel- und Knoblauchstückchen zusammen mit der Petersilie kurz darin dünsten.

5. Das Hackfleisch dazugeben, kräftig anbraten und mit dem Rotwein ablöschen.

6. Die Patissonswürfel und das Tomatenmark beifügen, alles gut vermengen und etwa 10 Minuten zugedeckt bei kleiner Hitze köcheln lassen.

7. Die Fleischmischung mit Salz und Pfeffer würzen und in die ausgehöhlten Patissons füllen. Die Deckel darauf setzen und das Ganze mit Alufolie bedecken. Die Patissons auf der mittleren Schiene in etwa 20 Minuten garen.

P A T I S S O N

Diese kleine Kürbisart wird aufgrund ihrer charakteristischen, flachen, runden Form auch Bischofsmütze genannt. Patissons werden zwischen 4 cm und 10 cm groß. Bei der Zubereitung werden sie gewaschen, jedoch nicht geschält. Die weiße, elfenbeinfarbene, gelbe oder hellgrüne Schale kann weichgekocht mitgegessen werden.

Spinatrouladen mit Noilly-Prat-Sauce

sehr fein

- *Für 4 Personen*
- *Zubereitung: ca. 40 Min.*
  (plus ca. 1 Std. Ruhezeit)
- *ca. 570 kcal je Portion*
- *Dazu paßt Reis*

ZUTATEN

Für die Omeletts

6 EL Buchweizenmehl
3 EL Weizenmehl
  (Type 505)
2 Eier, 1 Eiweiß
1/4 l Milch
Salz
2-3 EL Butter

Für die Füllung

1 kg Spinat
2 Eigelb
180 g Frischkäse (Doppel-
  rahmstufe)
3 EL Pinienkerne
Salz, schwarzer Pfeffer

Für die Sauce

2 Schalotten
2 EL Butter
100 ml Noilly Prat
  (trockener Wermut)
350 ml Gemüsebrühe
200 g Hüttenkäse
1 Briefchen Safran (à 0,2 g)
Salz, schwarzer Pfeffer

1. Die beiden Mehlsorten in eine Schüssel sieben. Eier und Eiweiß zusammen mit Milch und etwas Salz dazugeben und alles zu einem Teig verrühren. Diesen etwa 1 Stunde ruhen lassen.

2. Inzwischen den Spinat verlesen, waschen und sehr gut trockenschütteln. Ihn zusammen mit den Eigelben, Frischkäse und Pinienkernen vermengen. Das Ganze mit Salz und Pfeffer würzen.

3. Den Backofen auf 180 °C vorheizen. 1 Eßlöffel Butter in einer beschichteten Pfanne zerlassen, 1/3 des Teigs hineingeben und 1 Omelett backen. Auf diese Weise nacheinander 3 Omeletts backen.

4. Die Spinatmischung auf den Omeletts verteilen und diese einrollen. Ein Backblech mit der restlichen Butter einfetten, die Omelettrollen darauf legen und auf der mittleren Schiene etwa 15 Minuten garen.

5. Für die Sauce die Schalotten schälen und fein hacken. Die Butter in einer Pfanne zerlassen. Die Schalotten darin andünsten und mit Noilly Prat sowie Brühe ablöschen. Die

Sauce bei großer Hitze offen auf etwa 1/3 der Flüssigkeit einkochen lassen.

6. Den Hüttenkäse dazugeben und die Sauce zugedeckt bei mittlerer Hitze köcheln lassen, bis dieser geschmolzen ist. Das Ganze mit Safran, Salz und Pfeffer würzen.

7. Die fertig gegarten Omeletts in etwa 2 cm dicke Scheiben schneiden. Die Sauce auf 4 Teller verteilen, die Omelettscheiben darauf legen und das Gericht sofort servieren.

(auf dem Foto)

TIPS

- *Gegebenenfalls können Sie beide Mehlsorten durch die gleiche Menge Weizenvollkornmehl ersetzen.*
- *Wenn Sie die Spinatrouladen als Vorspeise servieren, reicht die angegebene Zutatenmenge für 8 Personen.*
- *Anstelle von 1 kg frischem Spinat können Sie auch etwa 650 g TK-Spinat verwenden.*

Karotten-Paprika-Auflauf

■ *Für 4 Personen*

■ *Zubereitung: ca. 1 ¹/₄ Std.*

■ *ca. 350 kcal. je Portion*

■ *Dazu paßt grüner Salat*

ZUTATEN

250 g Karotten (gelbe Rüben)

1 grüne Paprikaschote

1 Zwiebel

¹/₂ l Milch

4 Eier

70 g geriebener Parmesan

Salz

schwarzer Pfeffer

geriebene Muskatnuß

1 TL Zucker

4 EL gehackte Petersilie

5 EL Butter

1. Den Backofen auf 180 °C vorheizen. Die Karotten putzen, schälen, waschen und fein raspeln. Die Paprikaschote waschen, halbieren und von den Kernen und dem Stielansatz befreien. Die Hälften fein würfeln. Die Zwiebel schälen und fein hacken.

2. Die Milch zusammen mit den Eiern und dem Käse verquirlen. Die Mischung mit Salz, Pfeffer, 1 Prise Muskatnuß und Zucker abschmecken. Karottenraspel, Paprikawürfel, Zwiebelstücke und Petersilie zur Eiermischung geben und alles gut miteinander vermengen.

3. 4 EL Butter in einem Topf zerlassen. Die flüssige Butter zur Gemüse-Eier-Masse hinzufügen und unterrühren.

4. Eine Auflaufform oder 4 kleine Formen mit der restlichen Butter ausfetten und die Masse einfüllen. Den Karotten-Paprika-Auflauf auf der mittleren Schiene im Ofen in etwa 50 Minuten garen, bis die Eiermilch gestockt ist.

Omelett-Auflauf

- *Für 4 Personen*
- *Zubereitung: ca. 1 ¹/₄ Std.*
  (plus ca. 1 Std. Ruhezeit)
- *ca. 690 kcal je Portion*

Z U T A T E N

Für die Omeletts
150 g Mehl
2 Eier
¹/₄ l Milch
Salz
3 EL Butter

Für die Füllungen
1 kg Tomaten
350 g Petersilienwurzeln
1 Zwiebel
2 Knoblauchzehen
2 EL kaltgepreßtes Olivenöl
Salz
schwarzer Pfeffer
200 g Ricotta
200 g süße Sahne
100 g geriebener Parmesan

1. Das Mehl in eine Schüssel sieben. Die Eier zusammen mit der Milch und etwas Salz dazugeben und alles zu einem Teig verrühren. Diesen etwa 1 Stunde ruhen lassen.

2. In der Zwischenzeit die Tomaten waschen, trockentupfen, von den Stielansätzen befreien und würfeln. Die Petersilienwurzeln zusammen mit dem Grün putzen, waschen und trockentupfen. Die Wurzeln schälen und in kleine Würfel schneiden. Das Grün fein hacken.

3. Die Zwiebel und den Knoblauch schälen und fein hacken. Das Olivenöl in einer Pfanne erhitzen. Die Zwiebel- und die Knoblauchstückchen zusammen mit dem Grün der Petersilienwurzeln darin andünsten.

4. Die Tomatenwürfel dazugeben und etwa 2 Minuten darin dünsten. Die Petersilienwurzeln zufügen und das Ganze bei mittlerer Hitze etwa 15 Minuten zugedeckt köcheln lassen. Die Tomatenmischung zuletzt mit Salz und Pfeffer würzen.

5. Den Ricotta zusammen mit der Sahne in einer Pfanne unter ständigem Rühren so lange köcheln lassen, bis der Ricotta geschmolzen und eine Sauce entstanden ist.

6. Den Backofen auf 200 °C vorheizen. Jeweils 1 Teelöffel Butter in einer beschichteten Pfanne zerlassen, etwa ¹/₅ des Teigs hineingeben und 1 Omelett backen. Auf diese Weise nacheinander 5 Omeletts backen.

7. Eine runde Auflauf- oder Souffléform mit der restlichen Butter ausfetten. 1 Omelett hineinlegen, mit etwas Tomatensauce begießen und darüber etwas Ricotta-Sahne-Sauce verstreichen. Zuletzt wenig Parmesan darauf verteilen. Alle Zutaten in dieser Reihenfolge in die Form schichten. Die letzte Lage mit 1 Omelett abschließen, mit etwas Ricotta-Sahne-Sauce begießen und mit Käse bestreuen. Den Auflauf auf der mittleren Schiene etwa 30 Minuten überbacken.

Gemüsegratin

- Für 4 Personen
- Zubereitung: ca. 40 Min.
- ca. 610 kcal je Portion

ZUTATEN

Für das Gemüse

300 g Kardonen

1 EL Essig

500 g Pastinaken (ersatz- weise Petersilienwurzeln)

250 g Herbstrüben

1 Zwiebel

1 Knoblauchzehe

3 EL Butter

70 g Pinienkerne

Salz

schwarzer Pfeffer

4 EL gemischte, gehackte Kräuter (z. B. Bohnen- kraut, Dill, Petersilie)

Für den Guß

150 g geriebener, milder Tilsiter

60 g Butter

1 Eigelb

5 EL Milch

$1/2$ TL Currypulver

3 Eiweiß

70 g geriebene Haselnüsse

Außerdem

1 EL Butter für die Form

1. Die Kardonen putzen, da- bei die dicksten Stiele sowie die Blätter entfernen. An den zarteren Stielen die Fäden der Länge nach mit einem Spar- schäler abziehen. Die Stiele waschen, trockentupfen und in etwa 3 cm breite Stücke schneiden.

2. Den Essig zusammen mit $1/2$ Liter Wasser in einem Topf aufkochen. Die Kardonen- stücke etwa 5 Minuten darin blanchieren. Sie dann ab- gießen und abtropfen lassen.

3. Die Pastinaken putzen, schälen, waschen und in feine Scheiben schneiden. Die Rü- ben putzen, schälen, waschen und in dünne Stifte schnei- den. Die Zwiebel und den Knoblauch schälen und fein hacken.

4. Die Butter in einem Topf erhitzen. Die Zwiebel- und Knoblauchstückchen darin andünsten. Dann die Pastina- ken, die Rüben und die Kar- donen dazugeben und alles zugedeckt bei kleiner Hitze 5 bis 8 Minuten dünsten.

5. Inzwischen die Pinienkerne in einer Pfanne ohne Fettzu- gabe rösten.

6. Die Pinienkerne zum ge- dünsteten Gemüse geben. Das Ganze mit Salz, Pfeffer und den Kräutern würzen. Den Backofen auf 220 °C vorheizen.

7. Für den Guß den Tilsiter zusammen mit Butter, Eigelb, Milch und Currypulver in ei- nem Mixgerät oder mit dem Pürierstab eines Handrühr- geräts pürieren. Die Eiweiße zu steifem Schnee schlagen und zusammen mit den Ha- selnüssen zu der Käsemi- schung geben. Das Ganze sorgfältig vermischen und anschließend mit der Gemü- semischung vermengen.

8. Eine Gratinform mit Butter ausfetten und die Gemüse- masse hineingeben. Das Ganze auf der mittleren Schiene etwa 10 Minuten gratinieren.

(auf dem Foto)

Spinat-Fisch-Gratin

- *Für 4 Personen*
- *Zubereitung: ca. 40 Min.*
- *ca. 550 kcal je Portion*

ZUTATEN

3 EL Butter
600 g Topinamburs
150 g Camembert
150 ml Gemüsebrühe
150 g süße Sahne
Salz, schwarzer Pfeffer
1 TL gerebelter Thymian
750 g Spinat
200 g Champignons
1 Zwiebel
1 Knoblauchzehe
600 g Barschfilet
2 EL Zitronensaft

1. Eine Gratinform mit 1 Eßlöffel Butter ausfetten. Die Topinamburs schälen, waschen und in dünne Scheiben schneiden. Diese in der Form auslegen.

2. Den Käse würfeln und zusammen mit der Brühe und der Sahne vermischen. Das Ganze mit Salz, Pfeffer und Thymian würzen und über die Topinamburs gießen.

3. Den Ofen auf 200 °C vorheizen. Den Spinat verlesen, waschen, abtropfen lassen. Die Champignons putzen, waschen, trockenreiben und in Scheiben schneiden. Zwiebel und Knoblauch schälen und fein hacken.

4. In einer Pfanne 2 Eßlöffel Butter zerlassen. Zwiebel- und Knoblauchstückchen darin andünsten. Den Spinat und die Champignons beifügen. Alles offen bei mittlerer Hitze dünsten, bis fast alle Flüssigkeit verdunstet ist.

5. Die Fischfilets waschen, trockentupfen, mit Zitronensaft beträufeln und mit Salz und Pfeffer würzen. Sie dann auf die Topinamburs verteilen und die Spinat-Pilz-Mischung darüber geben. Das Ganze auf der mittleren Schiene etwa 15 Minuten gratinieren.

Kardonenquiches

- *Für 4 kleine Quicheformen (à 10 cm ø)*
- *Zubereitung: ca. 1¹/₄ Std. (plus ca. 30 Min. Kühlzeit)*
- *ca. 710 kcal je Portion*

Z U T A T E N

Für den Teig
350 g Mehl
1 TL Salz
180 g kalte Butter
1 Ei

Für die Füllung
300 g frische Saubohnen
600 g Kardonen
2 EL Essig
2 EL Butter
150 g Weichkäse
   (z. B. Bel Paese)

Für den Guß
200 g süße Sahne
1 Ei
3 EL gehackte Petersilie
Salz
schwarzer Pfeffer

Außerdem
1 EL Butter für die Formen
Mehl für die Arbeitsfläche

1. Für den Teig Mehl und Salz in eine Schüssel geben. Die Butter in Stücke schneiden und dazugeben. Alles zwischen den Fingern rasch zu einer krümeligen Masse verreiben. Das Ei hinzufügen. Den Teig schnell verkneten, und zwar nur so lange, bis er zusammenhält. Ihn in Klarsichtfolie wickeln und für mindestens 1 Stunde in den Kühlschrank stellen.

2. Inzwischen die Bohnen in wenig Wasser zugedeckt in etwa 35 Minuten weich garen. Die Kardonen putzen, dabei die dicksten Stiele und die Blätter entfernen. An den Stielen die Fäden abziehen. Die Stiele waschen und in etwa 2 cm breite Stücke schneiden.

3. Den Essig zusammen mit 1 Liter Wasser in einem Topf aufkochen und die Kardonen darin etwa 5 Minuten blanchieren. Sie dann abgießen und abtropfen lassen.

4. Die Butter in einem Topf zerlassen und die Kardonenstücke darin zugedeckt etwa 10 Minuten dünsten. Die Bohnen abgießen, abtropfen lassen und zusammen mit den Kardonen vermengen.

5. Den Backofen auf 200 °C vorheizen. Den Teig auf der bemehlten Arbeitsfläche etwa 3 mm dick ausrollen. Die Backformen mit Butter ausfetten. Aus dem Teig 4 runde Platten (etwa 13 cm ø) ausstechen und diese vorsichtig in die Förmchen legen. Die Ränder fest andrücken, überstehenden Teig glatt abschneiden. Das Gemüse darauf verteilen. Den Käse kleinschneiden und über die Gemüsefüllung geben.

6. Für den Guß die Sahne zusammen mit dem Ei gut verquirlen und die Petersilie unterrühren. Das Ganze salzen, pfeffern und über die Gemüsefüllung gießen. Die Quiches auf der mittleren Schiene in etwa 20 Minuten backen.

- *Wenn Sie keine kleinen Formen zur Hand haben, können Sie das Ganze auch in einer großen Pieform (26 cm ø) backen und vor dem Servieren in 4 Stücke schneiden.*

Piroggen mit Kohlfüllung

- *Für 4-6 Personen*
- *Zubereitung: ca. 1 3/4 Std.*
  (plus ca. 30 Min. Ruhezeit)
- *ca. 930 kcal je Portion*

Z U T A T E N

Für den Teig
350 g Mehl
1 TL Salz
180 g Butter
1 Ei

Für die Füllung
1 Weißkohl
1 TL Kümmel
Salz
1 Zwiebel
2 EL Öl
300 g Rinderhackfleisch
Salz
schwarzer Pfeffer
**Brät von 1 Schweinsbrat-
  wurst**
**150 g Speck in feinen
  Scheiben**
1 Ei

Außerdem
Mehl für die Arbeitsfläche
1 EL Butter für das Blech

1. Für den Teig Mehl und Salz in eine Schüssel geben. Die Butter in Stücke schneiden und dazugeben. Alles zwischen den Fingern rasch zu einer krümeligen Masse verreiben. Das Ei hinzufügen. Den Teig schnell verkneten, und zwar nur so lange, bis er zusammenhält. Ihn in Klarsichtfolie wickeln und für mindestens 1 Stunde in den Kühlschrank stellen.

2. Inzwischen den Weißkohl putzen. Dabei etwa 300 g in einzelnen Blättern ablösen und diese waschen. In einem großen Topf Wasser aufkochen lassen, den Kümmel und etwas Salz dazugeben. Die Kohlblätter im siedenden Wasser etwa 5 Minuten blanchieren, herausnehmen, abtropfen lassen und von den großen Mittelrippen befreien.

3. Die Zwiebel schälen und fein hacken. Das Öl in einer Pfanne erhitzen und sie darin glasig dünsten. Das Fleisch dazugeben, kräftig anbraten, salzen und pfeffern. Es auskühlen lassen und zusammen mit dem Brät vermengen.

4. Den Backofen auf 220 °C vorheizen. Den Teig auf einer bemehlten Arbeitsfläche etwa

3 mm dünn zu einem Rechteck ausrollen.

5. Die Hälfte der Speckscheiben in der Mitte des Teigs der Länge nach nebeneinander auslegen. Darauf zuerst die Hälfte der Kohlblätter, dann die Hälfte der Fleischmischung darüber verteilen. Nun die restlichen Kohlblätter und dann die übrige Hälfte des Fleischs darüber geben und das Ganze mit den restlichen Speckscheiben bedecken.

6. Das Ei trennen. Die Teigränder mit Eiweiß bestreichen. Den Teig von allen Seiten über die Füllung einschlagen und am Rand sowie zwischen den Füllungen gut andrücken. Ein Backblech mit Butter ausfetten, das Teigpaket vorsichtig darauf legen und mit Eigelb bestreichen. Das Ganze auf der mittleren Schiene etwa 1 Stunde backen und danach in die Piroggen zerschneiden.

(auf dem Foto)

- *Den restlichen Weißkohl können Sie für lauwarmen Kohlsalat (Seite 19) verwenden.*

Mangoldkuchen

- *Für 1 Pieform (26 cm ø)*
- *Zubereitung: ca. 1 ¹/₂ Std.*
  (plus 30 Min. Ruhezeit)
- *ca. 770 kcal je Portion*

ZUTATEN

360 g Mehl

Salz, 190 g Butter

1 Ei

750 g Mangold

150 g Sahnequark

110 ml Milch

schwarzer Pfeffer

1 TL Kümmel

75 g Speckwürfel

1 Eigelb

1. Einen Teig wie auf S. 82 Schritt 1 zubereiten.

2. Den Mangold putzen und waschen, dabei Grün und Stiele trennen. Die Stiele in etwa 2 cm breite Streifen schneiden, das Grün in etwa 4 cm breite Streifen. Die Stiele in wenig Salzwasser etwa 10 Minuten zugedeckt köcheln lassen. Das Grün in Salzwasser 3 bis 5 Minuten blanchieren. Beides abgießen und abtropfen lassen.

3. Den Teig auf einer bemehlten Fläche etwa 3 mm dünn und etwas größer als die Form ausrollen. Die Form mit der restlichen Butter ausfetten. Die Hälfte des Teigs darin auslegen, dabei einen Rand formen. Den Mangold darauf verteilen. Die Eier zusammen mit Quark und 100 ml Milch verquirlen, salzen, pfeffern und über das Gemüse gießen. Kümmel und Speckwürfel darüberstreuen.

4. Den Ofen auf 200 °C vorheizen. Aus dem restlichen Teig Blätter ausstechen und diese auf der Füllung auslegen. Das Eigelb zusammen mit 1 Eßlöffel Milch verquirlen, die Blätter damit bestreichen. Den Kuchen auf der mittleren Schiene in etwa 30 Minuten backen.

Rosenkohlflans mit Nuß-Vinaigrette

- *Für 4 Souffléförmchen*
  (à ca. 9 cm ø)
- *Zubereitung: ca. 1 ³/₄ Std.*
- *ca. 490 kcal. je Portion*

ZUTATEN

Für die Flans

400 g Rosenkohl
300 ml Gemüsebrühe
180 g saure Sahne
3 Eigelb
Salz
schwarzer Pfeffer
1 EL Öl

Für die Vinaigrette

1 Schalotte
50 g Haselnußkerne
2 EL Weißweinessig
6 EL Erdnußöl

1. Den Rosenkohl putzen und waschen. Die Brühe aufkochen und die Röschen darin zugedeckt bei mittlerer Hitze in etwa 15 Minuten weich kochen. Nach etwa 10 Minuten Kochzeit einige Röschen herausheben. Sie kalt abschrecken und beiseite stellen.

2. Den gekochten Rosenkohl mit einem Schaumlöffel aus der Gemüsebrühe heben und abkühlen lassen. Vom Sud 100 ml abschöpfen und beiseite stellen. Den Backofen auf 180 °C vorheizen.

3. Den abgekühlten Rosenkohl zusammen mit der sauren Sahne und den Eigelben in einem Mixgerät oder mit dem Pürierstab eines Handrührgeräts fein pürieren. Das Püree mit Salz und Pfeffer würzen.

4. In einem feuerfesten Topf Wasser aufkochen lassen. 4 Souffléförmchen mit Öl ausfetten und das Gemüsepüree einfüllen. Die Förmchen mit Alufolie verschließen und in den Topf mit dem siedendem Wasser stellen, so daß sie etwa zur Hälfte im Wasser stehen.

5. Den Topf auf der mittleren Schiene in den Ofen schieben und die Flans im Wasserbad in etwa 1 Stunde so lange garen, bis die Masse gestockt ist.

6. Inzwischen für die Vinaigrette die Schalotte schälen und fein hacken. Die Haselnüsse und den beiseite gestellten Rosenkohl grob hacken. Das Ganze zusammen mit dem beiseite gestellten Gemüsesud, dem Essig und dem Öl gut vermengen.

7. Die Förmchen aus dem Ofen nehmen und etwa 5 Minuten abkühlen lassen. Dann die Flans auf 4 Teller stürzen. Die Vinaigrette um die Flans herum auf die Teller gießen und das Ganze servieren.

- *Dieses Rezept ist als Vorspeise gedacht. Wenn Sie die Flans als Hauptmahlzeit reichen wollen, nehmen Sie einfach die doppelte Zutatenmenge.*

Kürbis-Sahne-Omelett

- *Für 4 Personen*
- *Zubereitung: ca. 30 Min.*
  (plus 1 Std. Ruhezeit)
- *ca. 640 kcal je Portion*

ZUTATEN

Für das Omelett

3 EL Mehl

2 Eier

100 ml Milch

Zucker

Salz

2 EL Butter

Für die Füllung

50 g ungeschwefelte
Rosinen

2 EL Rum

600 g Kürbis

50 g Walnußkerne

50 g Zucker

200 ml Milch

200 g saure Sahne

50 g Zucker

3 Eier

1 Vanilleschote

3 EL Butter

Außerdem

1 EL Butter für die Form

1. Für das Omelett das Mehl in eine Schüssel sieben. Die Eier zusammen mit Milch, 1 Prise Zucker und etwas Salz dazugeben und alles zu einem Teig verrühren. Diesen etwa 1 Stunde ruhen lassen.

2. Inzwischen die Rosinen zusammen mit dem Rum in eine Schüssel geben und sie etwa 30 Minuten marinieren.

3. Währenddessen den Kürbis schälen, von dem weichen Faserteil sowie den Kernen befreien und das feste Fruchtfleisch grob raspeln.

4. Den Backofen auf 180 °C vorheizen. Eine Auflaufform mit Butter ausfetten. 2 Eßlöffel Butter in einer großen beschichteten Pfanne zerlassen. Den Teig dazugeben und daraus ein Omelett backen. Dieses in die Auflaufform legen.

5. Die Walnußkerne grob hacken, zusammen mit dem Zucker und den Kürbisraspeln zu den Rosinen geben und alles miteinander vermischen. Die Mischung auf die eine Hälfte des Omeletts geben und die andere Hälfte darüberklappen.

6. Milch, saure Sahne, Zucker und Eier zusammen in eine Schüssel geben. Das Vanillemark aus der Schote kratzen, dazugeben und alles miteinander verquirlen. Die Mischung über das Omelett gießen. Die Butter in Flöckchen schneiden und darüber verteilen.

7. In einem Topf Wasser aufkochen. Die gefüllte Auflaufform in eine etwas größere Form stellen und diese so mit siedendem Wasser füllen, daß die kleinere Form zu etwa $2/3$ im Wasser steht. Das Ganze im Wasserbad auf der mittleren Schiene etwa 45 Minuten garen, bis die Sahnemasse stockt.

Das für viele Süßspeisen unverzichtbare Gewürz wird aus der Kapselfrucht einer in Mittelamerika beheimateten Orchideenart gewonnen. Im Handel erhältlich ist auch der halbsynthetische Aromastoff Vanillin, der jedoch nicht ganz so aromatisch ist wie die echte Bourbon-Vanille.

Topinambursschmarrn mit Kompott

- *Für 4 Personen*
- *Zubereitung: ca. 1 Std.*
- *ca. 560 kcal je Portion*

Z U T A T E N

Für das Kompott

4 Äpfel (z. B. Golden
   Delicious)
2 EL Birnendicksaft
50 ml Apfelwein
6 EL Grenadine-Sirup

Für den Schmarrn

500 g Topinamburs
40 g zimmerwarme Butter
40 g geriebene Mandeln
3 Eigelb
50 g Zucker
50 g Rosinen
abgeriebene Schale von
   1 Zitrone
3 Eiweiß
Salz

Außerdem

3 EL Butter zum Ausbacken
3-4 EL Puderzucker zum
   Bestreuen

1. Für das Kompott die Äpfel schälen, entkernen und in feine Spalten schneiden. Sie zusammen mit dem Birnendicksaft, dem Apfelwein und dem Sirup in einen Topf geben und zugedeckt bei mittlerer Hitze in etwa 10 Minuten weich kochen.

2. Die Topinamburs waschen und in Salzwasser 15 bis 20 Minuten bißfest garen. Sie dann schälen und abkühlen lassen.

3. Die Topinamburs fein raspeln. Die Butter und die Mandeln dazugeben und alles gut miteinander vermengen.

4. Die Eigelbe zusammen mit dem Zucker in eine Schüssel geben und mit den Quirlhaken eines Handrührgeräts in etwa 8 Minuten zu einer hellen, schaumigen Creme verrühren. Die Topinambursmasse dazugeben und das Ganze vermischen. Dann die Rosinen und die Zitronenschale unterrühren.

5. Die Eiweiße zusammen mit 1 Prise Salz zu steifem Schnee schlagen. Den Eischnee sorgfältig unter die Topinambursmasse heben.

6. Die Teller vorwärmen. Butter in einer Pfanne zerlassen und darin die Hälfte der Topinambursmasse bei mittlerer Hitze in 5 bis 8 Minuten stocken lassen.

7. Das Omelett auf einen vorgewärmten Teller geben, mit 2 Gabeln in Stücke reißen, auf 2 Teller verteilen und warm stellen. Die restliche Topinambursmischung auf dieselbe Weise backen und zuletzt den gesamten Topinambursschmarrn mit Puderzucker besieben. Das Apfelkompott zum Schmarrn servieren.

- *Je nach Saison und persönlichen Vorlieben können Sie auch Kompotte aus anderen Obstsorten zu diesem Gericht reichen – etwa aus Rhabarber, Stachelbeeren oder Quitten. So ergeben sich immer wieder neue köstliche und geschmacklich überraschende Kombinationen, die den Topinambursschmarrn das ganze Jahr in eine delikate, niemals langweilige Mahlzeit verwandeln.*

Kürbispie

- *Für 1 Springform (26 cm ø)*
- *Zubereitung: ca. 1 1/4 Std.*
  (plus ca. 1 Std. Ruhezeit)
- *ca. 280 kcal je Stück*

ZUTATEN

Für den Teig
250 g Mehl
80 g Honig
Salz
80 g kalte Butter
ca. 6 EL Milch

Für die Füllung
800 g Kürbis
5 EL Apfelsaft
100 g Rohrzucker
60 g Ahornsirup
1 TL Zimtpulver
geriebene Muskatnuß
Nelkenpulver
3 Eigelb
2 EL Rosinen
3 Eiweiß
200 g süße Sahne

Außerdem
Mehl für die Arbeitsfläche
1 EL Butter für die Form

1. Für den Teig das Mehl und den Honig zusammen mit 1 Prise Salz in eine Schüssel geben und alles miteinander vermengen. Die Butter in Flöckchen dazugeben, unterarbeiten und den Teig zwischen den Händen zu einer krümeligen Masse verreiben.

2. Die Milch dazugießen und den Teig schnell nur so lange kneten, bis er zusammenklebt. Ihn dann etwa 1 Stunde zugedeckt an einem kühlen Ort ruhen lassen.

3. Inzwischen den Kürbis schälen, von dem weichen Faserteil sowie den Kernen befreien und das feste Fruchtfleisch würfeln.

4. Die Kürbiswürfel zusammen mit dem Apfelsaft in einen Topf geben. Das Ganze aufkochen lassen und die Kürbiswürfel bei mittlerer Hitze zugedeckt in 5 bis 10 Minuten weich kochen. Das Ganze vom Herd nehmen, in einem Mixgerät oder mit dem Pürierstab eines Handrührgeräts pürieren und abkühlen lassen.

5. Den Ofen auf 220 °C vorheizen. Etwa 4/5 des Teigs auf einer bemehlten Arbeitsfläche

rund ausrollen. Die Form mit Butter ausfetten, den Teig hineinlegen, dabei einen Rand formen. Den Teigboden mit einer Gabel mehrmals einstechen und im Ofen auf mittlerer Schiene etwa 10 Minuten vorbacken.

6. Für die Füllung Zucker, Sirup, Zimt, je 1 Prise Muskatnuß und Nelkenpulver sowie Eigelbe und Rosinen zum abgekühlten Kürbispüree geben und alles vermischen. Die Eiweiße zu steifem Schnee und die Sahne steif schlagen. Beides unter die Creme ziehen.

7. Den Pieboden aus dem Ofen nehmen und diesen auf 200 °C einstellen. Die Füllung auf dem Teigboden verteilen. Aus dem restlichen Teig Formen ausstechen und diese auf der Masse verteilen. Die Pie auf der mittleren Schiene etwa 40 Minuten backen. Sie danach abkühlen lassen und in 12 Stücke schneiden.

Gurkenrelish

- *Für 6 Personen als Beilage*
- *Zubereitung: ca. 10 Min.*
  (plus ca. 30 Min. Ruhezeit)
- *ca. 150 kcal je Portion*

ZUTATEN

1 Salatgurke, Salz
2 Zwiebeln, 3 EL Öl
100 g Gewürzgurken
2 Bund gehackter Dill
3 EL süße Chilisauce
  (Fertigprodukt)

1. Die Gurke waschen, grob raspeln, salzen und etwa 30 Minuten ziehen lassen.

2. Die Zwiebeln schälen und hacken. Das Öl erhitzen und sie darin glasig dünsten. Die Gurkenraspeln durch ein Küchentuch ausdrücken, zu den Zwiebeln geben und etwa 5 Minuten dünsten, bis die Flüssigkeit fast ganz verdunstet ist. Das Ganze vom Herd nehmen und abkühlen lassen.

3. Die Gewürzgurken fein würfeln und zusammen mit dem Dill zur Gurkenmasse geben. Alles gut vermengen und zuletzt mit der Chilisauce pikant würzen.

TIP
- *Servieren Sie das Gurkenrelish zu gegrilltem Fleisch, Hamburgern, geräuchertem Fisch oder Salzkartoffeln.*

Kürbis-Chutney

- *Ergibt ca. 2 kg*
  (ca. 8 Portionen)
- *Zubereitung: ca. 1 3/4 Std.*
- *ca. 320 kcal je Portion*

ZUTATEN

1,5 kg Kürbis
2 große Zwiebeln
200 g getrocknete Aprikosen
1 Stück Ingwerwurzel
  (ca. 2 cm)
250 g Sultaninen, 1 TL Salz
1 TL schwarze Pfefferkörner
1 Zimtstange
1 Gewürznelke
250 g Rohzucker
700 ml Weißweinessig

1. Den Kürbis schälen, von dem weichen Faserteil sowie den Kernen befreien und das feste Fruchtfleisch würfeln.

2. Die Zwiebeln schälen und fein hacken.

3. Die Aprikosen in kleine Stücke schneiden. Die Ingwerwurzel schälen und fein reiben.

4. Kürbis, Zwiebeln, Aprikosen und Ingwer zusammen mit den restlichen Zutaten in einem Topf aufkochen und dann bei kleiner Hitze zugedeckt 1 bis 1 1/2 Stunden köcheln lassen, bis der Kürbis

weich und die Flüssigkeit fast ganz verdunstet ist. Das heiße Chutney sofort in gut verschließbare Gläser füllen.

(auf dem Foto: oben)

TIP
- *Sie können das Chutney etwa 6 Monate gut verschlossen an einem kühlen Ort aufbewahren.*

Eingemachte Kürbisspeise

■ *Ergibt ca. 1 Liter*
  (ca. 8 Portionen)
■ *Zubereitung: ca. 50 Min.*
  (plus 3 Tage Ruhezeit)
■ *ca. 280 kcal je Portion*

ZUTATEN

1,5 kg Kürbis
1 Stück Ingwerwurzel
  (ca. 2 cm)
200 ml Weinessig
100 ml Rotwein
$^1/_2$ Zimtstange
3 Gewürznelken
Saft und abgeriebene
  Schale von 1 Zitrone
500 g Rohzucker

1. Den Kürbis schälen, von dem weichen Faserteil sowie den Kernen befreien und das feste Fruchtfleisch würfeln. Den Ingwer schälen und fein reiben.

2. Essig und Wein zusammen mit 200 ml Wasser in einen Topf gießen. Zimtstange, Gewürznelken, Ingwer, Zitronensaft und -schale sowie den Zucker dazugeben und alles aufkochen lassen. Die Kürbiswürfel hinzufügen und im Sud zugedeckt bei kleiner Hitze in etwa 30 Minuten glasig und weich köcheln lassen. Das Ganze in eine Schüssel geben, zudecken und 1 Tag ruhen lassen.

3. Am nächsten Tag die Sauce abgießen. Sie dabei in einem Topf auffangen und nochmals aufkochen. Die heiße Sauce erneut über die Kürbisstücke gießen und das Ganze nochmals 2 Tage zugedeckt ruhen lassen.

4. Am dritten Tag alles zusammen nochmals kurz aufkochen und sofort (noch heiß) in ein gut verschließbares Glas abfüllen. Die Kürbisspeise kühl aufbewahren.

(auf dem Foto: unten)

Rezeptverzeichnis

Im FALKEN Verlag sind viele attraktive Titel zum Thema „Essen und Trinken" erschienen. Sie erhalten sie überall dort, wo es Bücher gibt.

Dieses Buch wurde auf chlorfrei gebleichtem und säurefreiem Papier gedruckt.

ISBN 3 8068 1944 0

© 1998 by FALKEN Verlag, 65527 Niedernhausen/Ts.
Die Verwertung der Texte und Bilder, auch auszugsweise, ist ohne Zustimmung des Verlags urheberrechtswidrig und strafbar. Dies gilt auch für Vervielfältigungen, Übersetzungen, Mikroverfilmungen und für die Verarbeitung mit elektronischen Systemen.

Umschlaggestaltung:
Rincon^2 Design & Produktion GmbH, Köln
Gestaltung: Horst Bachmann
Redaktion: Astrid Waller
Umschlagfoto: TLC-Foto-Studio GmbH, Velen-Ramsdorf
(Rezept „Gefüllte Patissons", Seite 72)
Rezeptfotos: Ulrich Kerth, München
Weitere Fotos im Innenteil: Ulrich Kerth, München: S. 4/5, 6/7, 8/9, 24, 66, 70, 72, 78; **FALKEN Archiv: M. Brauner:** S. 12 / **W. Feiler:** S. 18 und 48 / **B. Harms:** S. 22 / **TLC:** S. 3, 36, 60 und 90
Produktion: Dr. Reitter & Partner GmbH, Vaterstetten

Satz: Dr. Reitter & Partner GmbH, Vaterstetten
Gesamtkonzeption: FALKEN Verlag,
D-65527 Niedernhausen/Ts.

817 2635 4453 6271